シリーズ「遺跡を学ぶ」130

邪馬台国時代の東海の王
東之宮古墳

赤塚次郎

新泉社

邪馬台国時代の東海の王
―東之宮古墳―

赤塚次郎

【目次】

第1章　白山平の古墳……4

1　東之宮古墳の調査……4

2　三九年の歳月……11

第2章　山頂に王墓をつくる……15

1　山頂に残された軌跡……15

2　石と土アゲの古墳……20

3　山頂の前方後方墳……24

4　王が眠る石の部屋……27

第3章　捧げられた宝物……37

1　宝石箱からの便り……37

編集委員
勅使河原彰（代表）
小野　昭
小野　正敏
石川日出志
小澤　毅
佐々木憲一

装　幀　新谷雅宣
本文図版　松澤利絵

2　刀と剣と斧……46
3　破られた鏡……53
4　王が活躍した暦年代……71

第4章　邇波の王……74

1　邪馬台国・狗奴国の時代……74
2　邇波の里……76
3　邇波四代の大王墓……79
4　冬至の王……84

第5章　はじまりの地に集う……88

参考文献……92

第1章　白山平の古墳

1　東之宮古墳の調査

事件

一九七三年春、犬山高校を卒業して間もない時期だったと記憶している、夕暮れ時に突然電話がかかってきた。

「瓢箪塚《ひょうたんづか》で盗掘があったらしい！　明日朝一番で現場まできてくれ」

それは、高校時代にお世話になっていた高木志朗先生からの電話であった。先生は小・中学校の教諭のかたわら、犬山地域での遺跡調査を含め、郷土の歴史を勉強されており、私にとって郷土学習の恩師であった。

翌朝、私たちは古墳のある白山平《はくさんびら》にのぼった。古墳の頂上部にぽっかりと空いた穴、周囲には土と礫《れき》、そして食べ残しのゴミなどが散乱していた。奇妙な静寂感だけが強く印象に残って

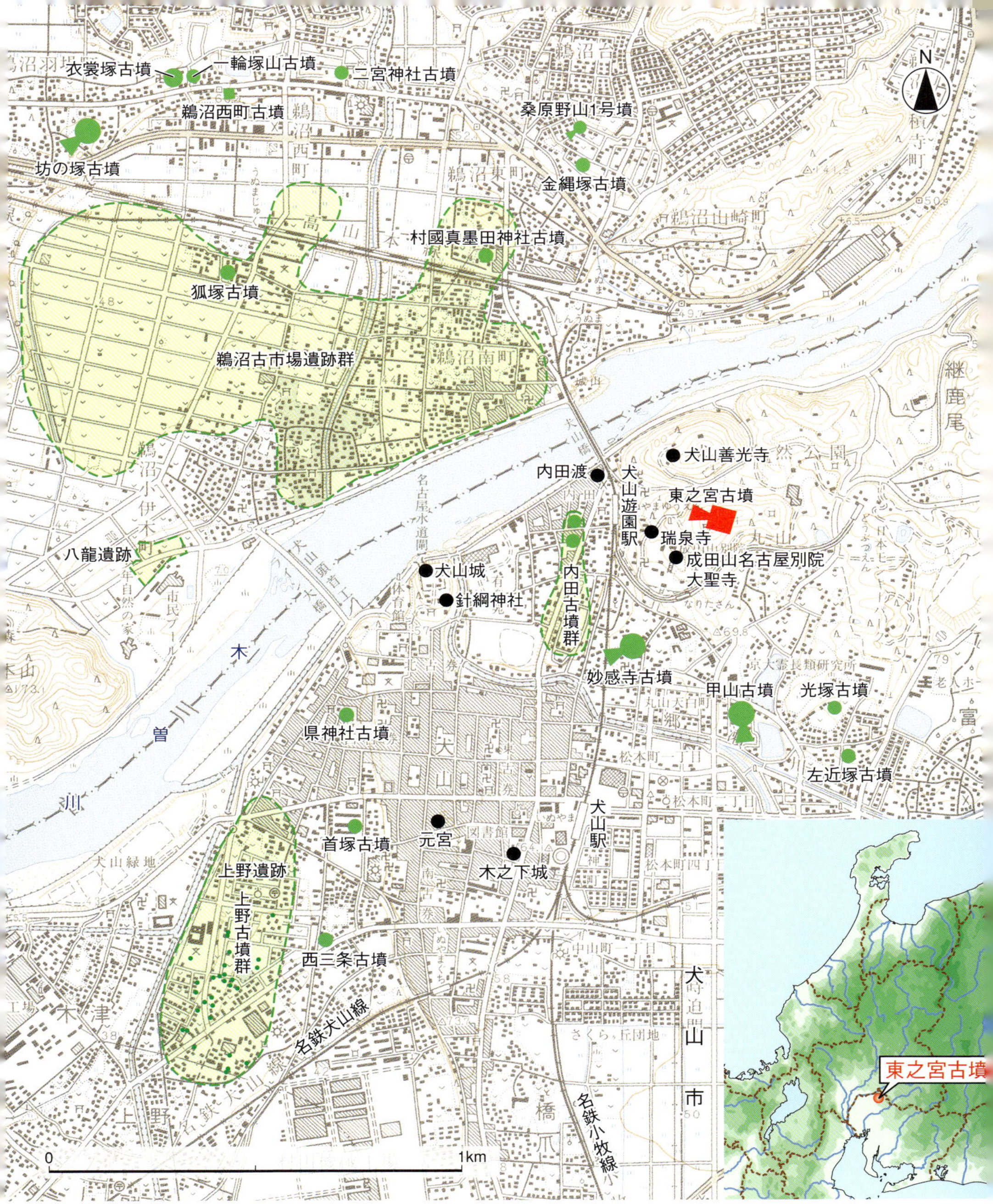

図1 ● 東之宮古墳とその周辺
木曽川をはさんで北側の岐阜県各務原市鵜沼（うぬま）地区には坊の塚古墳を中心とする鵜沼古墳群が、南側は愛知県犬山市で白山平山頂に東之宮古墳、山麓に妙感寺古墳が存在する。

いる。

白山平とは愛知県犬山市北部に位置し、眼下に木曽川が流れ落ちる丘陵地帯の西端にある標高一四五メートルの山で、その山頂に前方後方墳の東之宮《ひがしのみや》古墳がある。現在の白山平には南山麓に成田山名古屋別院があり、西山麓には妙心寺派の古刹《こさつ》「瑞泉寺《ずいせんじ》」の塔頭《たっちゅう》群が甍《いらか》を連ねる。さらに北側には犬山善光寺があり、この界隈は古くからの信仰の地で、なぜか多様な宗教施設が密集する不思議な空間でもある。

当時、東之宮古墳は「瓢簞塚古墳」とよばれていた。ただ、この名は地元ではほとんど使われていない。いかなる経緯でこの名称が古墳名として定着したのかは定かではない。郷土読本『郷土犬山』（犬山市教育委員会、一九六一）には「瓢簞塚古墳」として登場する。また内藤晃の執筆による『日本の考古学』Ⅳ（河出書房新社、一九七三年）には「瓢簞塚古墳」前方後円墳八二メートルとして記載されている。

いずれにしろ瓢簞塚古墳（東之宮古墳）が何者かによって盗掘を受けたことは間違いない。この日を境に、この白山平を舞台にして、多くのヒトとモノを巻き込みながら、事態が目まぐるしく動きはじめることになる。そして、はからずも私はその渦中にいた。

本格的な確認調査がはじまる

事件がおきた年の夏休み期間中に発掘調査団が組織され、東之宮古墳の本格的な確認調査が八月三日よりはじまった。

調査は犬山市教育委員会により実施され、調査団は杉崎章をチーフに、顧問に久永春男、現場は宮川芳照・高木志朗・高橋晃らで構成された。また地元の皆さんや東之宮神社の氏子など、まさに地域あげての事業となっていった。ただ、この段階では当時の考古学研究室のある大学関係者がほとんど関与していなかったために、のちに調査成果に暗い影を落とすことになる。

調査は、盗掘によって破壊された部分を中心に掘り進められていった。当初は破壊を受けた箇所が竪穴式石槨《たてあなしきせっかく》そのものであるか、副室のような別の施設なのか判断がわかれてい

図２ ● 1973年の調査風景
上：天井石を移動し、石槨の調査が進められた。
下：天井石をおおう粘土（被覆粘土）検出状況。中央が山形に高くなっているのがわかる。

たが、調査が進むにつれ、東之宮古墳の竪穴式石槨そのものが盗掘を受けていたことがわかった。この状況に対応するため、調査区が急遽拡張され、調査は竪穴式石槨全体にシフトしていった。まずあらわれたのは、竪穴式石槨全体を厚くおおいつくす白く美しい粘土であった（被覆《ひふく》粘土）。そしてその下の天井石は大きく、以外に薄い。そして中央部の一枚が土圧のためか、長い歴史の過程で折れ、やや陥没していた。

天井石全体の状況が露出する。地元をあげての現場での夜警が開始されたのもこのころからであった。いよいよ竪穴式石槨内部の調査がはじまると、つぎつぎに副葬品が顔をみせはじめた。現場は興奮の渦に巻き込まれながら、時間が止まったかのように、朝・夕関係なく慎重に

図3●調査風景（上）**と宝石箱の検出状況**（下）
上：竪穴式石槨の調査風景。壁面が大きくくずれているのがわかる。
下：左端は人物禽獣文鏡。右端に合子が蓋をあけて配置されている。

調査が黙々と進められていった。現場に立ち会った一人として、天井石を除去した後の作業は、土を除いていくというより、壁体の崩れによる礫を、まさに一つ一つ手渡ししながら除いていくという感覚だったように思う。

写真撮影・実測調査のなかで、八月一一日には地元見学会が開催され、多くの市民の皆さんが東之宮古墳の竪穴式石槨とその副葬品を直接みる機会となった。その後も調査は淡々と進められ、八月末ころに大方の調査は終了した。そしてあらためて翌月の中ごろ、竪穴式石槨の保護を目的にした側壁と天井石の復元がおこなわれ、丁寧に埋め戻された。なおその後、一九七五年には国の史跡に指定されている。

また当初は東之宮古墳が「前方後円墳」であると評価されていたが、一九七〇年の名古屋大学考古学研究室による測量調査によって、はじめて前方後方墳である可能性が指摘され、七〇年代には瓢箪塚古墳は前方後方墳という位置づけが定着していった。

調査成果はどう評価されたのか

この一九七三年の第一次調査において、顧問であった久永

図４●現地説明会
調査区内で説明するのは、調査団チーフの杉崎章。多くの市民が白山平に登り「地元見学会」（現地説明会）に参加した。

春男は、毎日新聞（一九七三年一二月一七日）に「瓢箪塚の発掘」と題してこう評価している。

「前方部と後方部を貫く中軸線上に東西に長く営まれた竪穴式石室は……　四壁とも前面に鮮やかな赤色顔料が塗られ、あやしく美しい。粘土床は幅約六〇センチ、東西の両端はほとんど壁に接する長さで、被葬者を安置したとおぼしい中央部には赤色顔料が厚く層をなして装身具類をうずめていた。……被葬者の遺骸のまくら辺りに碧玉製品とともにおかれていたいわば座右の鏡が、大型の中国鏡ではなく、小型の変形四獣文鏡の一つであったことは注意をひいた」

ここでいう変形四獣文鏡《へんけいしじゅうもんきょう》とは人物禽獣文《じんぶつきんじゅうもん》鏡のことである。この古墳における副葬品全体の組み合わせが、他の古墳とは一線を画する興味深い資料である点を久永はすでに見抜いていた。

しかしながら、調査を受けて学術的な評価へと進む過程で思わぬ落とし穴が待ち受けていた。大学関係者が含まれず地元サイドで実施されたという観点から、考古学界にひややかな空気が流れはじめていたのである。

調査の成果は翌年に東京で開催された日本考古学協会大会で発表されたが、その場の雰囲気は杉崎・宮川たちの思惑とは異なり、なぜか重たく張り詰めた空気が印象的であった。やがて調査そのものへの不備が、学会をリードする大学関係者などにより風説として聞こえはじめ、調査成果を報告するための学術的研究はブラックホールに包まれはじめる。そして誰も予想だにしない事態として、その後三〇年近くも調査成果は公開されることなく、長く重い沈黙の時代がつづくことになった。

2　三九年の歳月

報告書の刊行

調査の報告書は刊行されないまま、保存整備のための準備がはじまった。それは犬山市域で一九九六年からはじまった国史跡「青塚古墳」の史跡整備を受けて、つぎの事業への継続としてはじまろうとしていたのである。

一九九八年から犬山市教育委員会による「東之宮古墳保存整備準備委員会」の組織化がはじまった。委員長は白石太一郎、そして委員の一人として最初から私も参加することとなった。

実は、この委員会以前に東之宮古墳整備に向けた検討がなされており、いくつかの方向性が確認されている。その一つに東之宮古墳の整備にあたって、過去の清算を踏まえ、一九七三年の調査成果の公表は不可欠で、そこから再出発すべきだ、と私は強く主張した。その後、教育委員会側との調整をすませ、紆余曲折《うよきょくせつ》はあったが、原資料の収集と副葬品の実測調査をほぼ五年近く継続して実施し、なんとか報告書の編集までこぎつけることができた。

幸いなことに、ちょうど愛知県史編纂事業がはじまっており、その関連調査として東之宮古墳の資料調査を合わせて実施することもできた。また半ば手弁当で墳丘測量調査や遺物実測調査も実施し、多くの方々にご支援・ご協力いただいたことは、ほんとうにありがたく思っている。とくにこれを可能にしたのは当時の調査資料が、きちんと整理され保存されていたこと、調査団の現場指導の中心的存在であった宮川芳照による調査報告書執筆草稿資料類が存在したことが大きかったのは言うまでもない。

　こうしてようやく『史跡　東之宮古墳調査報告書』犬山市埋蔵文化財調査報告書第二集が刊行されたのは、二〇〇五年のことであった。

史跡整備「東之宮古墳」

『史跡　東之宮古墳調査報告書』（以下「第二集報告書　二〇〇五」）の刊行を受け、保存整備情報が欠落する点などを補う目的で、二〇〇五年度より再調査の実施に向けて「史跡東之宮古墳調査委員会」が組織された。さらに、二〇一〇年度より具体的な史跡整備に向けての「東之宮古墳整備委員会」が発足した。ここまで最初の委員会が発足しておおむね一〇年の月日が過ぎ去っていった。

　その間、史跡整備に向けて第一次から第五次の発掘調査が犬山市教育委員会により実施されている。第一次（二〇〇九年）から第四次調査（二〇一一年）は、主に犬山市教育委員会の渡邉樹によって墳丘とその周囲に存在する平坦面を中心に実施され、白山平山頂が古墳造営によって大きく造成されているという驚くべき発見がなされた。そしていよいよ、「第二集報告書二〇〇五」での指摘を受け、保存整備を目的とした再調査が実現した。二〇一二年の第五次調査である。

　一九七三年の最初の調査から実に三九年の歳月が流れていた。運命だろうか、私はこの間、すべての会議・打合せや調査に携わることができ、心から感謝する。

なお国史跡の指定にあわせて瓢簞塚古墳は東之宮古墳という名称に正式に改められた。この古墳が地域にとって特別に貴重な古墳であることから、また地元名称でもない瓢簞塚古墳は問題があるとして、前方部に鎮座する「東之宮神社」の名を借用して「東之宮古墳」という名称となった。現在も地元では「ひがしのみや」とよんでいる。実はこの「東之宮」という名は、とても重要な意味をもっているのだが、それは第4章で言及しよう。

第五次調査

保存を目的とした二〇一二年の第五次調査では、犬山市教育委員会渡邉樹・鈴木康高が主体となり、大手前大学の森下章司と大学の若き研究者・学生も加わった。加えて国際文化財株式会社の専門家チームの支援を得ることもできた。地元地区の協力のもと、調査は一九七三年の調査区を基軸に、竪穴式石槨の再調査とその保全および墓壙などの墳丘構築情報の収集を主眼として実施された。私は幸いにも人生で二度、東之宮古墳の竪穴式石槨をみる機会を得たことになる。そして一般公開の後、竪穴式石槨は委員会で検討された事項に基づく保全対策がなされ、慎重に復元、埋め戻された。そして再び白山平に静寂が戻ることになる。

調査は一〇月には終了し、その成果は『史跡東之宮古墳』犬山市埋蔵文化財調査報告書第一二集として二〇一四年に刊行された。学術的な調査成果報告としては一つの区切りがなされたことになる。

森下章司は、「昭和四八（一九七三）年に行われた発掘調査は、短期間のものであるにもかかわらず、精密なものであった。竪穴式石槨の構造解明にも目が向けられ、断割りなど必要な調査がきちんと実施されている。また調査後の遺構の保護・復元に多大な労力が払われていることにも注意したい」と総括している。当時の調査の担当者の多くはすでに亡くなられたが、残された者の一人としてあの時以来の重い空気が一変し、少し報われた気がした。

白山平に集う

東之宮古墳の来歴を発掘調査を基点としてその概要をここまで整理してきた。そして平成二〇年代の後半にいたり、白山平山頂に位置する東之宮古墳を史跡公園化する動きがはじまった。整備委員会委員長などを歴任した白石太一郎は「第二集報告書 二〇〇五」において東之宮古墳を以下のように評価した。

「日本古代史上きわめて重要な課題を追求するうえに、濃尾平野の一角に三世紀末葉前後に営まれた、きわめて豊富でかつ特色ある副葬品群を持った前方後方墳・東之宮古墳がきわめて重要な役割を担うことは間違いなかろう」

出土した副葬品などの研究成果を踏まえると、東之宮古墳はその学術的な評価を含め、日本の歴史のうえで、古墳時代を考える資料として避けては通ることのできない、きわめて重要な遺跡であることが再認識されている。

次章からは具体的にその内容に触れつつ、興味深い「東之宮古墳」の謎に近づいてみることにしよう。

第2章　山頂に王墓をつくる

1　山頂に残された軌跡

謎の平坦面

一九七三年の調査から、史跡整備に向けて最初の第一歩になった第一次調査がはじまる二〇〇五年までは、東之宮古墳は白山平山頂の形状を利用し築かれた古墳であろうという漠然とした認識があった。なぜならば一般的に山頂に存在する古墳の多くは、主軸を山の軸線に置き、墳丘の形そのものを山の形状に依存し、利用する場合が多いからである。誰もが東之宮古墳もそうだろうと思っていた。ただ、主軸線が山の稜線とは大きくズレており、当初から不思議な築造法であると感じてはいた。つまり、東之宮古墳は白山平山頂に築かれたが、主軸線は自然地形とは異なり、やや不自然な方向に向いていた。この謎解きは第4章に譲るとしよう。

もう一つ、一九七三年の調査時点から不可思議な点が存在していた。調査担当者が口癖のよ

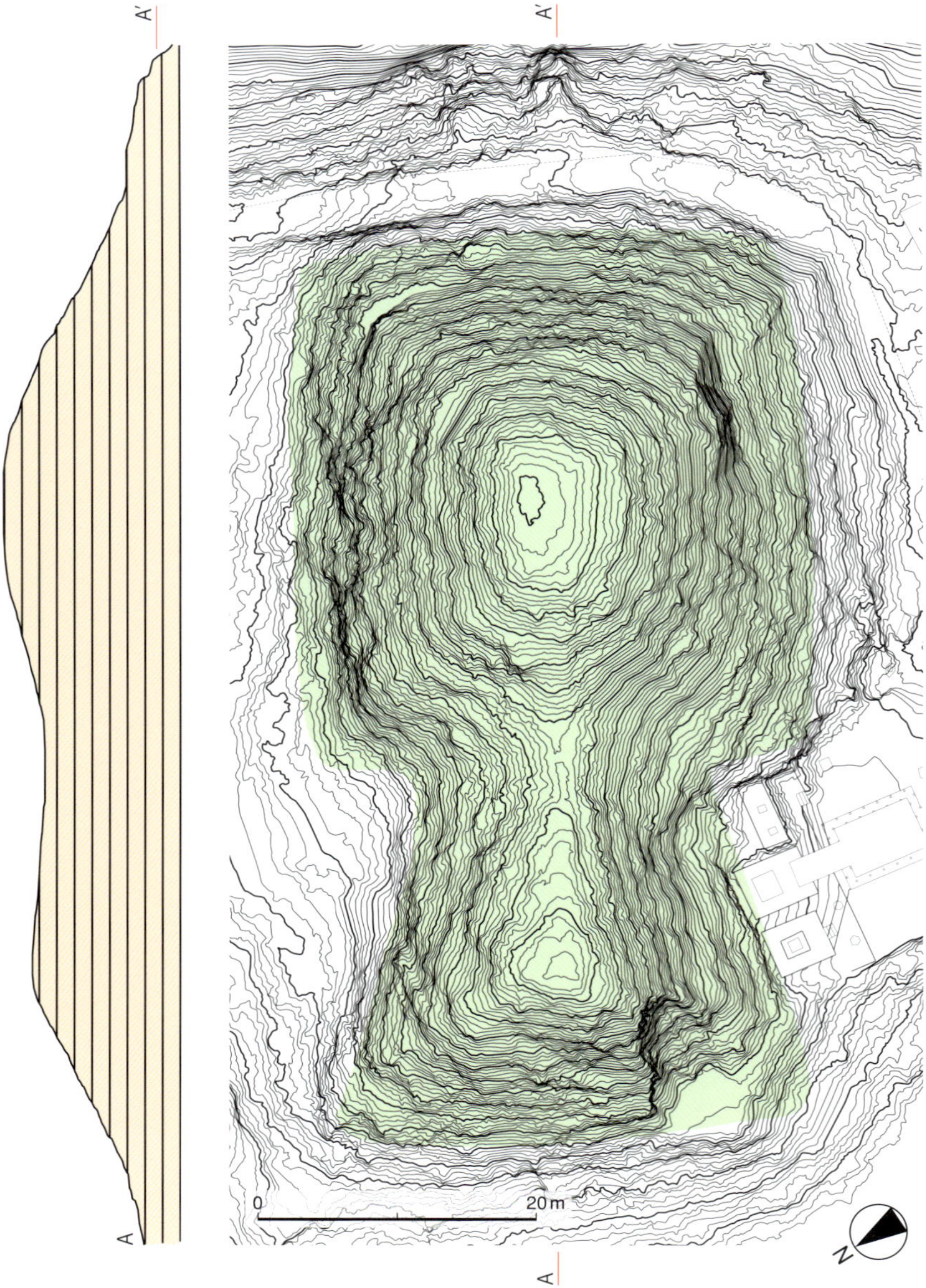

図5 ● 東之宮古墳の測量図
レーザー測量により完成された高精細な測量図。前方部の一部のみが壊されているが、ほぼ完全な形で保存されている。くびれ部にある建物が「東之宮神社」。

うに、「なぜか、白山平山頂には、幅広い大きな平坦面があるんだよ」と言っていた。古墳の周囲に存在する幅広い平坦面とはいかなる意味をもつのか、謎でもあった。

岩を砕く造成面

二〇〇五年度から二〇〇七年度にわたる範囲確認調査の目的は、東之宮古墳の周囲に存在する「平坦面」と古墳造営との関係を調べ、東之宮古墳指定範囲を確定する手がかりを探る事であった。

「ひょっとしたらこの幅広い平坦面は東之宮古墳造営にともなう作業面ではないのか」という漠然とした意識が芽生えはじめていた。古墳の周囲に存在する広い平坦部にトレンチが設定され調査がはじまっていく。つぎつぎに顔を出す平坦面の正体。それはまぎれもなく白山平山頂に存在したチャートの岩帯とその凹凸の間に堆積した礫質堆積層《れきしつたいせきそう》の姿であった。それは、土岐《とき》砂礫《されき》層・高位段丘堆積層とよばれるものと同じようにみえた。そしていわゆる古墳築造時の表土と思われる腐植土層はどこにも存在しない。すべて当時の表土はなくなっており、時にはチャートの岩が砕かれ、平滑化された部分もみられる。

二〇〇六年の第二次調査の時に、木曽川周辺の地質調査を長年手がけた鹿野勘次の「犬山・鵜沼地域にはチャートと砂岩の岩帯が分布し、その上部に土岐砂礫層・高位段丘堆積層が存在する。しかしながら白山平は標高一四〇メートルクラス、そんな高い場所に土岐砂礫層・高位段丘堆積層はないはずなんだが……」という言葉があった。ただまぎれもなく東之宮古墳の周囲には、なんらかの礫質堆積層が木曽流域に分布している美濃帯《みのたい》中生層のチャートをおおうように存在する。結果的にこの礫質堆積層はその後の鹿野らの調査により、「高位段丘堆積層」と判断されることになる。

調査成果から一つの結論が導き出された。それは白山平というチャートの岩山には本来、山頂部分にわずかな礫質堆積層が存在した。そして古墳がつくられたとき、山頂部に存在した礫質堆積層を削り、あるいはさらに基盤のチャートそのものを砕き平坦化し、山頂全体に幅広い平坦面をつくり上げるという想定外の古墳造成面が浮かび上がってきたのである。さらに、調査成果からは墳丘の盛り土は当時の地表面を利用せず、山頂をすべて削り造成したうえで構築されていることがわかった。この墳丘基盤に造成された礫質堆積層（あるいは一部盛り土）を「東之宮基盤層」とよんでいる。

「第六集報告書 二〇〇九」によれば、基盤層は標高一三二〜一三六メートルに分布しチャートの岩盤をおおうが、場所によってはチャートがそのまま露出する箇所も確認できる。東之宮基盤層は黄褐色から赤褐色を呈し、砂質をなす泥質の細粒物からなる。礫種は濃飛流紋岩《のうひりゅうもんがん》・砂

図6 ● 南平坦面
露出しているのは、チャートの岩帯。手前は岩の凸凹が整えられており、上部から人工的に削り、平坦化されている様子がわかる。

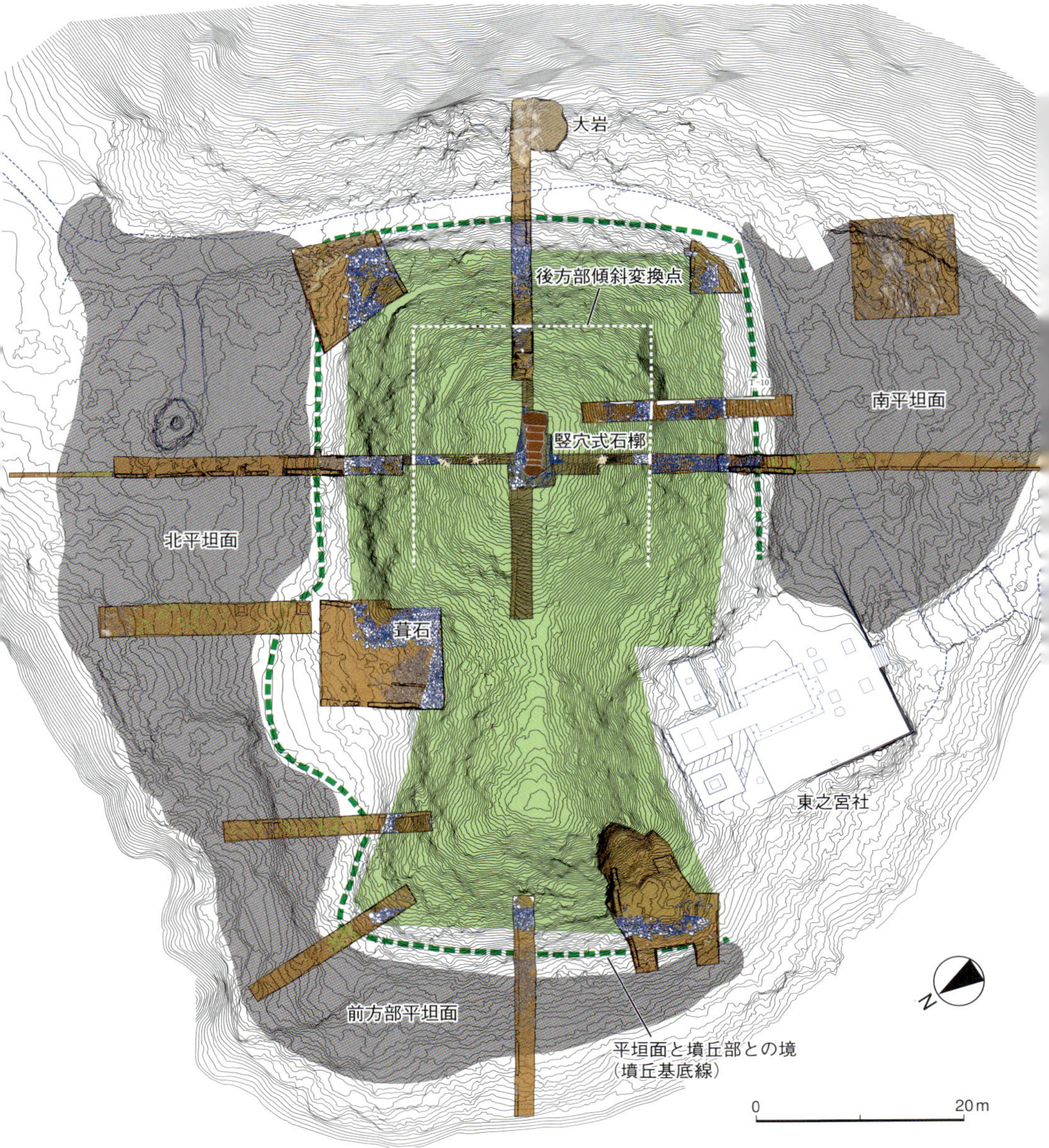

図7●東之宮古墳墳丘とその周囲に残された平坦面とトレンチ配置
左右のグレーの部分が人工的に整えられた平坦面。墳丘下の破線は推定墳丘の基底線。主軸線上の東に「大岩」が存在する。

岩・チャート・花崗班岩・泥岩などからなり、チャート以外は簡単に崩れるほど強く風化した礫の「くさり礫から半くさり礫」で構成されるとある。

想定外の古墳造成面が浮かび上がってきた。驚くべきことに標高一三〇メートルを超える山頂付近を、まず山頂部に存在した礫質堆積層を削り、さらに基盤のチャートそのものを砕き、大きく平坦面化して造成面をつくり、そのうえですべて「盛り土」で古墳を造営したのである。山頂部の墳丘に多くみられる丘陵・山塊をそのまま利用する、自然地形利用の造営法は採用されてはいない。ではどのように墳丘を造営していったのであろうか。

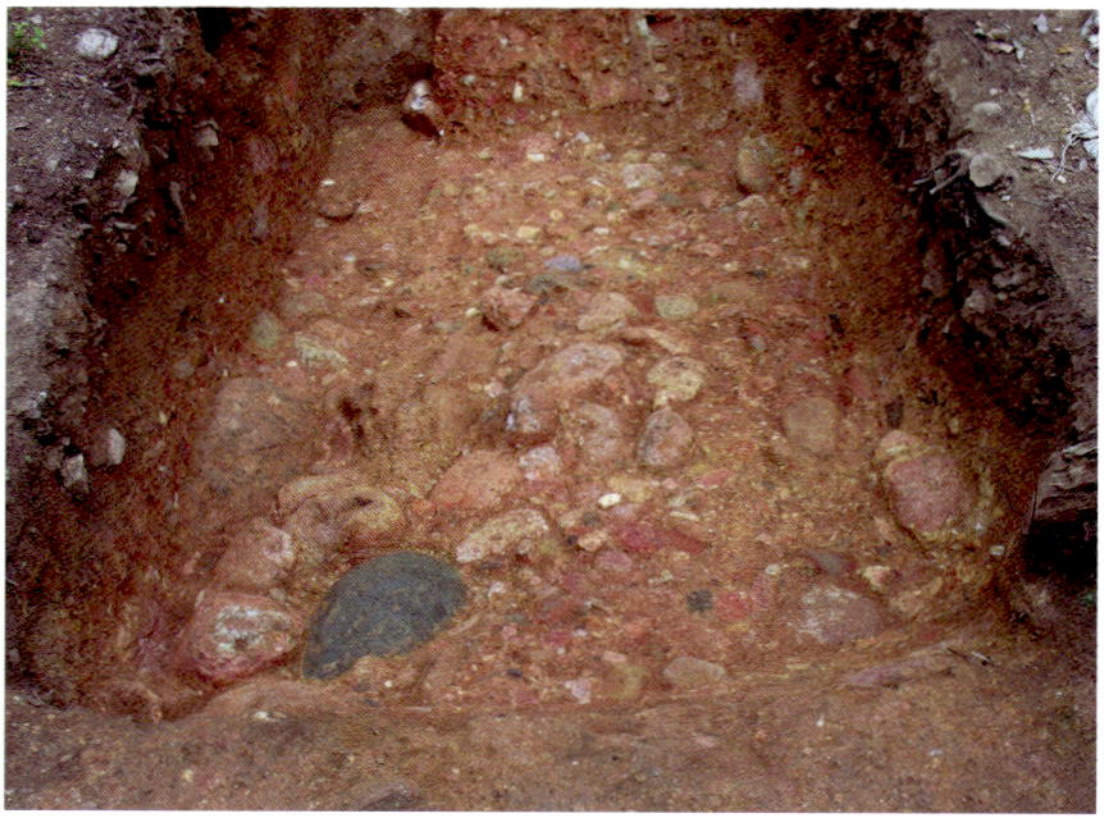

図8 ● 基盤層
白山平山頂付近に堆積する「段丘堆積層」。大きな石のほとんどが、くさり礫で構成される。

2 石と土アゲの古墳

盛り土「土アゲ」工法

まず「土」の問題である。山頂付近には大量の土砂は存在しない。チャート岩盤をおおっていたであろう礫質堆積層がどの程度存在していたのかはわからないが、造成面をつくる際に発生した土として、再利用したことは墳丘盛り土調査などで明らかである。ただこうした発生土だけで盛り土量がまかなえたとは到底考えにくい。北側に存在する善光寺山での観察結果からも礫質堆積層が多量に存在した形跡はみられない。どうやらかなりの量を山麓から持ち上げたと推定できる。つまり「土アゲ」事業がおこなわれていたことになる。

また盛り土の調査からは、人工的なチャートの細粒角礫がかなり混在しており、明らかに意図的にチャートを砕き、盛り土用にブレンドした混合土を利用していることがわかった。つまり盛り土用の「土」をつくっているのである。墳丘断面の調査からは、盛り土の種類を異にした層位的な堆積層がいくつも確認されている。想像を絶するきわめて巧妙な造営技術が駆使されたと考えてよい。またそれを実現し、一八〇〇年近くにわたる風雨に微動だにしない人工物をつくり上げた古代土木技術に驚くしかない。

葺石「石アゲ」工法―赤石と白石

東之宮古墳は全面「盛り土」でつくられていた。そしてその表面には大量の「石」が利用されている。葺石には、おおむね三種類の石材が利用された。まず一番多く使用されたのは白山平に産する「チャート」の角礫岩《かくれきがん》、そのつぎに河原石である濃飛流紋岩の丸石、そして砂岩の板石。圧倒的にチャートが多いが、なぜか時に河原石が混在する。河原石と砂岩は白山平には産しない岩石であり、明らかに人為的に山頂まで持ち上げたことになる。

興味深いのは「石の色」だ。白山平のチャートは「赤」を主体とし、葺石《ふきいし》で墳丘表面をおおった場合、全体に赤色が基調としての風景が演出されていた。とくに雨に打たれた場合は赤色が顕著になる。そこに白い石（河原石）が混在する。たとえると、赤飯に白ゴマをまぶしたようなイメージであろうか。しかし不思議なことにどうみても、河原石が効果的にうまく活用された形跡はまったくみられない。ただバラバラと混在するという感じなのである。それはいったいなぜだろうか、その意味するところは興味深いが、理解不能だ。わざわざ持ち上げ、混在するように使用する。そこにいかなる意味を古代人は見出していたのであろうか。

ただ犬山に残る祭のなかに、尾張冨士浅間神社「石上げ祭」がある。この祭の主人公は木曽川の清浄な白い河原石である。それを山頂まで上げる、という奇妙な祭がつづいている。神社の白石につながるイメージかもしれない。いずれにしろ意識の深層に潜む謎解きには今少し時間がかかりそうだ。なお砂岩の板石は、おそらく竪穴式石槨《たてあなしきせっかく》構築用の残石の再利用品と推定される。

図9● 前方部の葺石（上）**とくびれ部コーナーの葺石**（下）
チャートの角礫を中心に、丁寧に積み上げられた状況がよく残る。大きな石列が基底石。

葺石チャート

市民参加で葺石材を分類する調査を実施した。そして、つぎのような興味深い結果を得た。後方部南斜面の二カ所の調査区の葺石を分類すると、以下のような成果になる。まず大きさをみると、人頭大のものがチャート二三八、河原石三三、砂岩五〇。拳大の大きさの石はチャート一四六三、河原石五二、砂岩一〇四。そしてさらに小粒の石はチャートが圧倒的に多く一万八〇〇〇以上。この結果と葺石調査からみえてきたのは、

一、葺石の多くは拳大から三～四センチの砂利状のチャートが圧倒的に多数利用されている。

二、河原石は予想に反して一番数が少ない。

三、わずか二カ所のトレンチ調査区（約一〇〇平方メートル）からだけで、なんと二万点以上の葺石が使われていることがわかった。

そして、もっとも多い小粒のチャートの使用法は、実はくびれ部の調査で判明することになる。

図10 ● くびれ部の全形
向かって右側が前方部、左側が後方部で、手前が後方部の北隅のコーナー部分。
くびれ部周辺には、基底石の前面にチャートの小角礫が幅広く敷かれている。

すなわち大量のチャート砂利石は、盛り土表面に用意された裏込め石である。これによってあらかじめ盛り土表面を厚く整え、その上を丁寧に拳大・人頭大の石でおおうという、チャートなどの角礫を裏込めし、表面を丁寧に葺いていく工法が採用されていた。盛り土に直接葺石を配していくのではない。この傾向は基底部付近では明瞭で、さらに裏込めの厚さも増す。

ちなみに墳丘の基盤部付近に配置されるやや大きな葺石列を基底石《きていせき》とよぶ。その基底石は大きな人頭大のチャートを基本に二、三段に石垣状に組み上げて整えている。この工法は犬山市の青塚《あおつか》古墳へも引き継がれることになるが、先にも述べたように、東之宮古墳ではチャート角礫に丸石の河原石が不規則に点在するように葺石内に埋め込まれるという現象がみられる。不思議である。また砂岩の板石は差し込まれるように配置されるため、厚さがなく、河原石にくらべると表面的には印象が薄い。

白山平山頂に築かれた東之宮古墳は山を削り、土を運び上げ、大量の石材を調達し、時に木曽川の濃飛流紋岩を持ち上げることにより造営されていたのである。恐るべき古代工法がよみがえった。

3　山頂の前方後方墳

高さのある古墳

ここで墳丘の形について観察してみよう。東之宮古墳は、全長七二メートルの前方後方墳である。後方部は四八×四九メートル、高さ約九メートル。前方部は長さ二四メートル、幅約四三メートル、高さ約七メートル。現状では墳丘斜面に明瞭な段築痕跡はみられない。

後方部主軸面での調査成果からは、後方部のほぼ中央に幅一メートルほどの平坦面があった可能性が指摘されている。しかし、これが築造段階だけの構築面、つまりいったん小さな段をつくりながら高さを整えていき、最終的はその段を埋めてしまう工法（埋め殺し面）の名残とも解釈できる。どうやら最終的な景観として幅広の平坦面を想定することはむずかしいようだ。なぜなら東日本全体の古墳形状は畿内の代表的な段築構造とは異なり、弥生時代からの墳丘墓的な急斜面を維持する傾向が強いのが一般的である。したがって全体の景観は、墳丘底面から頂部まで一部傾斜の変換点があるものの、傾斜面をそのまま維持する形状であったものと想定したほうがよさそうだ。

東之宮古墳に上がると、その大きさに比較して後方部の高さに驚く。盛り土が厚く、ボリューム感がある。七〇メートルクラスの前方後円（方）墳では、後円（方）部の高さが七メートル程度が一般的であるのにくらべ、東之宮古墳の後方部の高さは、神社前の平坦面から見上げると九メートルを超える。高さだけからみると、墳丘長は一〇〇メートルクラスの古墳ということになる。全面盛り土による東之宮古墳へのこだわりが、この高さに収斂されているのかもしれない。

東之宮古墳の大きさとその仕掛け

古墳の大きさを決めるのは、なかなかむずかしい問題である。東之宮古墳は基盤造成面の上に全面盛り土による墳丘構築であることは、前節で説明した。実は、その盛り土面と造成面との間に人の目の高さほどの空白域が存在する。

葺石は造成面から葺かれることはなく、どういうことか盛り土の途中の基底石から設置しているのである。したがって葺石の基底部で基底石から測量すると墳丘の全長は六七メートルになり、盛り土面から測ると七二メートルになる。墳長は人工物の大きさをみれば七二メートルだが、視覚的な葺石面を強調すれば六七メートルとなる。

一般的に墳丘墓の大きさは、周溝からの墳丘変換点で測る。さらに東日本全体を見ても葺石をともなう古墳は少なく、ほどんどが墳丘土のままであることが多い。そのため墳丘墓・古墳という墳墓の比較できる標準的な数値としては、葺石の有無に関係なく、傾斜変換点から測定された数値が望ましい。二〇一四年の報告書『史跡東之宮古墳』では、墳長六七メートルと記述されているが、七二メートルが正しいと考える。以下、本書では墳長七二メートルを採用する。

いずれにしても東之宮古墳の大きさは、視覚的により大きな規模をイメージさせる工法であり、目の高さからはじまる葺石面の表現は、山頂に溶け込む大型の墳墓を人工物としてより強調するように、景観を最大限に配慮した演出とも受け止められるすぐれた工夫と積極的に評価したい。

ちなみに前方部の前端部にも同様な仕掛けがみられるが、加えて先端部のコーナは、斜めにカットされたような隅角がつくられているとわかった。この状況は葺石の工法とともにつぎなる王墓、青塚古墳に引き継がれることになる。

4　王が眠る石の部屋

墓壙の構築

後方部の中央部には王が眠る石の部屋が存在する。一九七三年に盗掘があった箇所である。当時の調査と二〇一二年の第五次発掘調査によって、竪穴式石槨の具体的な内容がおぼろげながらわかってきた。

墓壙の規模は東西一一メートル、南北七メートルの二段墓壙、深さ五メートル。石槨壁体は長さ四・九三メートル、最大幅一・〇メートル、高さ一・二メートルである。構築されたのは後方部の主軸線上で、墳頂部から一・五メートルほど掘り下げた位置に天井石（標高一四一・五メートル）がみつかっている。石槨の基底部は標高一四〇メートルに位置し、後方部の高さのほぼ半分の位置に相当する。この基底部の高さをそのまま前方部にもっていくと、まさに前方部の高さとほぼ同じ位置になる。つまり前方後方墳の構築段階において、その中間地点である前方部の高さの面で一つの工事工程が予定されていたと判断できる。

まず基盤造成面から墳丘に盛り土をし、前方後方形を整えつつ高さ標高一四〇メートルの位置まで丁寧に「盛り土」土を選択し、ブレンドして積み上げる。その後、後方部の周囲に丁寧に土を積み上げ、王が眠る石槨を構築するための墓壙状の窪みが用意されたと推定できよう。『史跡東之宮古墳』では後方部全体に土を積み上げ、墳丘を整えてから、竪穴式石槨をつくるための大きな穴をあらためて掘り窪める「掘り込み墓壙」が検討されているが、それは不要であろう。

濃尾平野の二、三世紀の古墳造営、さらには弥生時代の方形周溝型の墳丘墓には一定の類似する工法が広く用いられていることが、近年の調査成果からみえてきた。それは、基本的には主体部を埋葬する段階で順次盛り土をおこない、墳丘墓を構築するという基本的な手順である。今回の調査成果からもその工法の一部を読みとることができる。

東之宮古墳は複数の作業工程と、そのつどごとに実施されたであろう祭事を経て、時間をかけ丁寧に、かつ膨大な労力を惜しみなく投入してつくられた。王が眠る石の部屋には、部族的なしきたりを重視したこだわりが見え隠れする。それをみてゆこう。

墳丘頂の巨大な窪み

前方部の形状と後方部の五〇パーセント程度の形がつくられた段階で、後方部の上部には周囲をとり囲むように土塁状の盛り土がつくられていく。石槨の作業空間である。墓壙となるへこみの中央部には、平坦面をもたせ二段につくり上げる。上段は作業面として、下段は石槨そのものを組み上げる作業場として考えられた。この部分の盛り土の多くは、チャートを破砕し

図 11 ● 竪穴式石槨
2012年の第５次調査での石槨全景（1973年の調査で復元された状況）。上は天井石を復元配置した状況。左下の角礫の集まりが「小石室」と思われていた集石。

て混在させた細粒角礫をブレンドした土が丁寧に積み重ねられ、中央には竪穴式石槨がすっぽりと収まる大きさ（一一×七メートル、深さ五メートル）を確保しながら作業を進める。やがて、二段の墓壙状の窪みが後方部上に出現し、その中で特別に用意された石材を大量に使って王が眠る石の部屋を築いていく。

その特別な石材とは、白山平には産しない板状の「砂岩」である。この砂岩の産出した場所を木曽川水系の「美濃帯」に求めることが可能で、間違いなく木曽川を利用し、集積されて白山平に石アゲされたのである。

石槨をつくる

まず、墓壙底部の平坦面にチャートの角礫を〇・四メートル敷き詰める。その上部に幅一メートル、長さ約五メートルにわたって砂岩の板石をほぼ垂直に丁寧に積み上げて各側壁を築く。このときもっとも重視されたのは、のちに鏡一〇面を立てかける「立ち板石《いたいし》」の配置である（**図12**）。それは主軸上の北東部に、まさに石槨の幅と方向を律するかのごとく最初に配置された。ただ

図12● 竪穴式石槨の内部と「立ち板石」
立ち板石とその上部に積み上げられた板石、東壁の状況（築造当時の状況を残す）。左右の側壁は1973年に復元されたもの。

しその裏側に何があるのかは誰もわからない。またこの立ち板石は天井石と同じ特殊な砂岩（「天井石砂岩」とよび、美濃帯砂岩と区別する）を使用していた。この板状の巨石に合わせて側壁を構築したのである。

墓壙と側壁の間の空間には土をともなわず、ほぼすべて石材によって埋め尽くされた。この裏込め用の「控《ひか》え積《づ》み」石は大振りの板石・チャートの角礫とチャートの小角礫を層状に交える工法による（図13）。こうして竪穴式石槨の全体が築かれていったのである。板石を組み、石槨を築くこのこだわりは濃尾平野独自の文化とは、ほど遠いものである。石積み技術を含めてその文化はどこからやってきて、王の墓に採用されたのかが気になるところだ。

王が眠る棺の形

王の亡骸《なきがら》は木の棺に安置され、竪穴式石槨におかれた。その木棺を設置するために、石槨底部には粘土が敷かれた。一九七三

図13 ● 控え積み
墓壙と石槨の間を整えている控え積みの状況。チャートの小角礫と大きな板石（砂岩）・角礫（チャート）の互層。

年の調査では、木棺が腐り痕跡として粘土床だけが残り、木棺底部の様子が写しとられた形で残存していた。そしてその上には王の亡骸近くに置かれた真っ赤な水銀朱が大量にみつかっている。粘土床に写しとられた棺の痕跡から、以下のことが類推できる。

一、棺の長軸の大きさは、ほぼ石槨の内法《うちのり》と同じで、隙間がほとんどない。石槨全面を利用した大きさに設計されていたものと思われる。

二、わずかにくぼんだ形状から棺底部は、いわゆる割竹形木棺ではなく、大きくゆるやかな弧を描いていたと想定できる。

三、木棺は東に高く（標高一四〇・四五メートル）、西に低く（標高一四〇・四メートル）五センチほどの勾配をもつ。

四、長軸の底面は平坦で、端部はややもち上がるように傾斜をもつ。

以上の状況から木棺は側面がゆるやかに傾斜し、端面もやはり傾斜をもつ。東側で広く西でやや狭いのは棺材の原形に由来すると推定すれば、組合式木棺《くみあわせしきもっかん》というより、長大な巨木（コウヤマキ材）を用いた刳抜《くりぬき》式木棺であった可能性が高い。また各側面に傾斜をもつ点は当地域に弥生時代からみられる船状の「槽形木棺《そうがた》」を意識したつくりであったのかもしれない。棺蓋の状況は、まったくわからないが、木棺と木棺の周りの隙間に副葬品を安置してから石槨全体を大きな板状の巨石で蓋をする。

この天井石は七枚で、厚さ一四～一六センチで薄い。大きさは一・五～二・五メートルまでの巨大な板石が使われていた。さらに天井石の合わせ目となる側面は丁寧に研磨され、ピタッと設置できるように工夫されている。天井石の上は、さらに蒲鉾状に厚く粘土でおおっていた。その粘土は、中軸部の厚い部分では一〇センチ以上となる。

こだわりの古墳造営

この巨大な天井石は、先に述べたように、天井石砂岩であり、もちろん白山平には産しない。さらに木曽川水系の美濃帯の砂岩は、巨石を板状に大きく切り出すことができないため、その産地はさらに遠隔地に求めなければならない。あるいは伊勢中央部を流れる雲《くも》出《ず》川《がわ》水系もその可能性の一つにあげられている。その距離は、なんと約一〇〇キ

図14 ● 石槨の内部
左が西壁と粘土床、右が鏡10面が立て並べられていた東壁と立ち板石。
なお、両側壁は底部付近を除いて1973年の復元。

ロ以上もある。また、この場所は雲出川下流域であり邪馬台国時代の濃尾平野を代表する器、S字甕《えすじかめ》の故郷であるという奇妙な関係もおもしろい。

被覆粘土もまた、白山平には産することなく、天井石と同じように集められ、山麓から山頂に持ち上げられた素材である。

しかしながら、巨大な墓壙状のくぼみを最後に埋め尽くすために用意された「土」は、白山平山頂に存在する「礫層堆積物」から選択した「くさり礫から半くさり礫」を粉砕しつつ使用している。基盤層と墓壙、墳丘の下部と上部に現場の素材を残し使用するという、古墳造営にともなうこだわりがここにも確認できる。

石槨脇の謎の石組み

一九七三年の調査のおりに、竪穴式石槨の脇に奇妙な石列があることに気づいていた（図15）。副室、あるいは小石室があるのではないのかという評価であった。大きさは〇・四メートル角のチャートの角礫を中心に三列に配置されているような状態で、残念ながら第五次調査においてもその内部の調査はおこなわれていない。

レーザー探査・磁気探査の結果からも、なんら明瞭なデータを得ることがなかった。第五次の調査結果では、近接して置かれた粘土塊を含めて、余った資材を放置したものであると結論づけられた。はたして、そうだろうか。いずれにしろ再び評価は棚上げされ、竪穴式石槨とともに埋め戻された。

気になるのは、その石材である。竪穴式石槨をつくっていた石材はおもに「砂岩」の板石である。しかし、小石室の上部に配置されたのは、その主たる石材ではなく、白山平に産するチャート角礫が主体であった。小石室の場所は、竪穴式石槨の裏込め石の北西部隅に存在する。裏込め石の中になんらかの遺物を配置し、その場所をあらわすために、上部にチャートの礫を配置したと考えるとおもしろくなる。

奈良県天理市にある前方後方墳の下池山《しもいけやま》古墳の調査では、竪穴式石槨の脇に小石室が存在し、その中から大型の倭鏡《わきょう》が発見された。同じく前方後（円）墳の柳本大塚《やなぎもとおおつか》古墳でも同様な施設から大型の内行《ないこう》花文《かもん》倭鏡がみつかっている。

さて、東之宮古墳はどうだろうか、大型の倭鏡が眠っていると考えると楽しくなる。その結末は未来の技術開発にともなう高性能の科学的調査に委ねられた。

もう一つの竪穴式石槨

ところで一九七三年の調査でも指摘されていたが、実は東之宮古墳には竪穴式石槨が二つ存在する。一つはす

図15 ● 奇妙な石列
墓壙北隅に存在するチャートの角礫を主体とする石列と粘土塊（写真右端の2点）。

でに述べたように後方部中央につくられたものである。そしていま一つが前方部に存在することがわかっている。

二〇〇〇年の第三次調査において、富山大学の酒井英男チームにより墳丘部の電気探査がおこなわれ、墳丘はすべて盛り土であり、加えて後方部の竪穴式石槨とその構築痕跡が確認されている。前方部上には主軸に並行して、なんらかの構築物（主体部）が存在することがデータとして記録された。

そこから読みとれることは、後方部に存在する竪穴式石槨とほぼ同規模の構築物が前方部にも存在することである。その内容は、未調査であるため闇に包まれている。

問題は前方部の竪穴式石槨が、いつどのように構築されていたのかにある。なぜならば、後方部の竪穴式石槨の構築は前述したように、まず標高一四〇メートル、つまり前方部の高さに合わせる形で、前方後方形の基底となる基礎的な墳丘盛り土がつくられている。その段階で前方部の主体部は未構築であるとすると、後から時期を隔ててつくられたことになる。すると墓壙を再び掘り抜かねばならない。あるいは、すでに前方部に石槨を用意していたのか。さて真相はどうだろうか。もう一つの石槨の謎も未来の考古学者に委ねられた。

第３章　捧げられた宝物

1　宝石箱からの便り

棺の中の宝物

一九七三年の最初の調査では、竪穴式石槨の内部より大量の遺物がみつかった。その内容はきわめて豊富であり、かつ保存状況がとてもよい。現在は重要文化財に指定され京都国立博物館に展示されている。それではまず、副葬品の全体の配置、どのような物がどのように王の墓におさめられていたのかをみていこう。

副葬品は、配置状況から大きく二つに区分できる。竪穴式石槨内に置かれた副葬品は、王とともに木棺内部におさめられた物と、木棺の外側に分類して配置された物との二者が存在した。

木棺の内部におさめられた品物は、きわめて限られる。その場所は大きく三つある。まず一つは棺の中のほぼ中央部に安置されたであろう王の亡骸付近に置かれた物で、勾玉《まがたま》と管玉《くだたま》を中

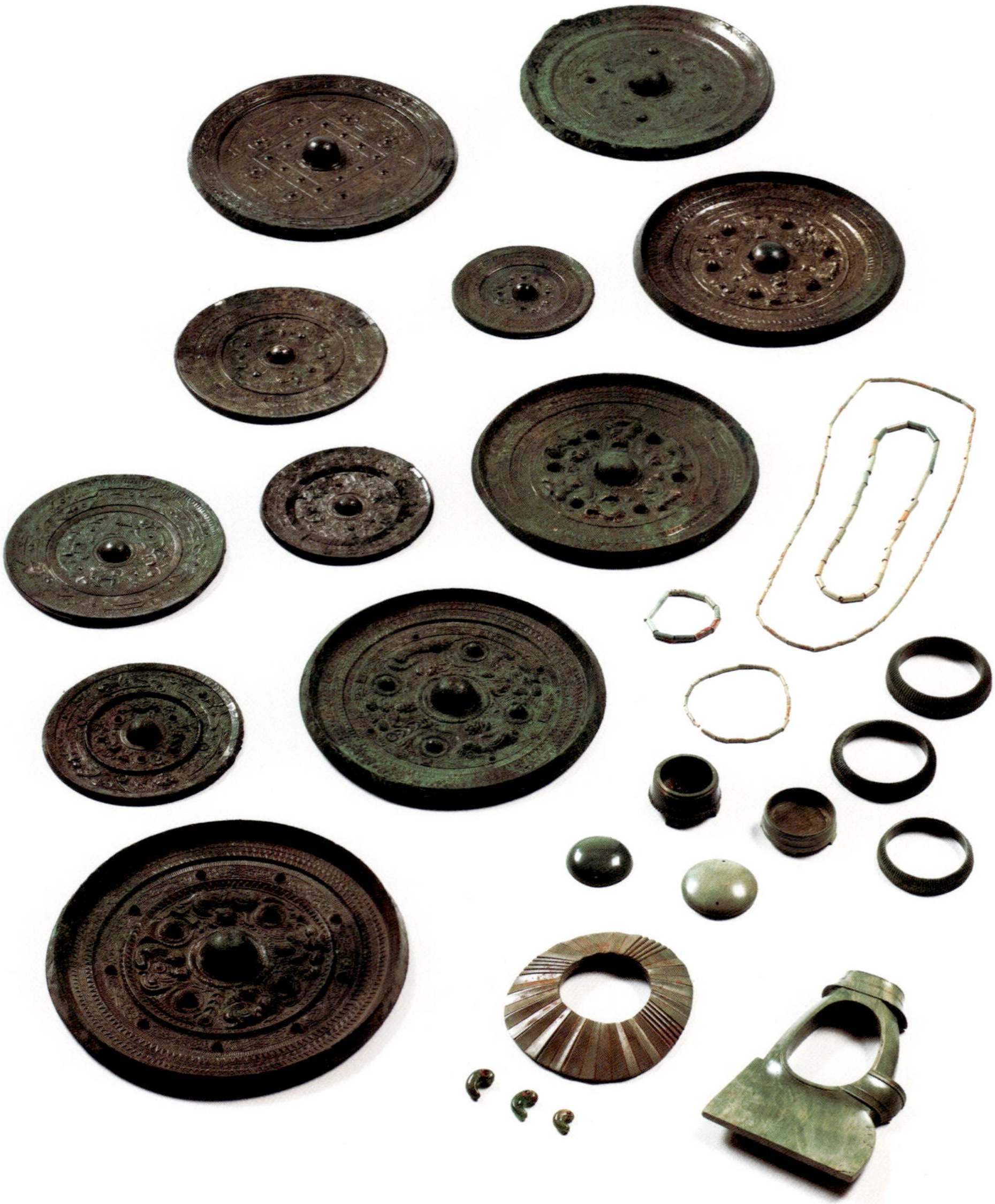

図16 • 王とともにおさめられた宝物
東之宮古墳副葬品。鏡11面と石製品。

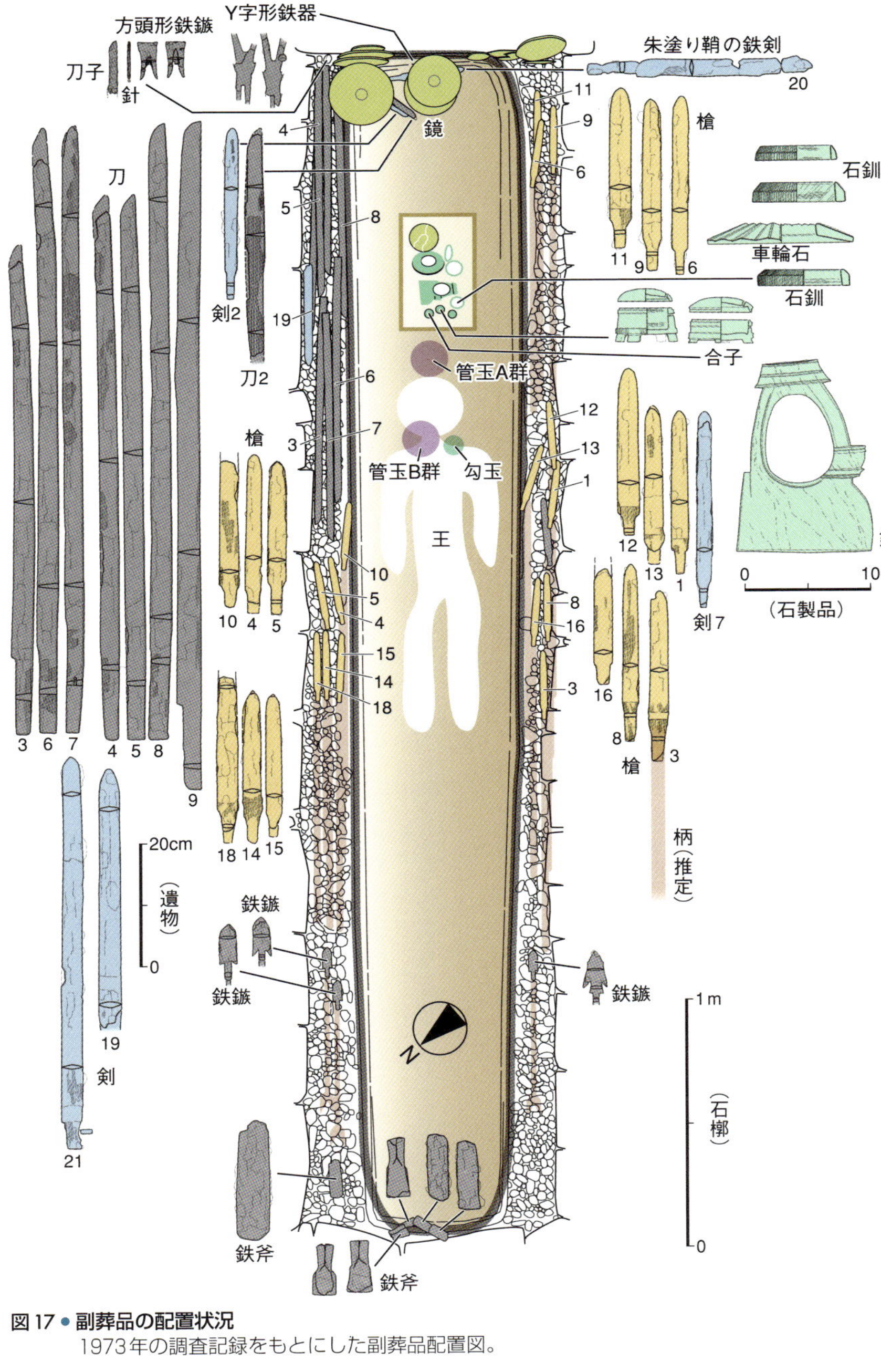

図17 ● 副葬品の配置状況
1973年の調査記録をもとにした副葬品配置図。

心に、大量の水銀朱《すいぎんしゅ》がみつかっている。当時現場に立ち会ったとき、その朱の鮮明な輝きに驚いた記憶がよみがえる。その朱に埋め込まれたようにみつかっていく玉類の透き通るような青さは、感動的でもあった。今でも玉類にはその「朱」の痕跡がよく残っている。

玉類はどのように亡き王に飾られていたのであろうか。出土状況をみていくと、勾玉三点と大きく長い管玉（B群）を組み合わせて、ネックレスとしたのが認められる。また少し離れてやや小さな管玉（A群）がまとまってみつかっていることから、頭部の髪飾り、あるいは美しい織物と組み合わされ、冠状に飾られていたものかもしれない。二つの玉類の組み合わせが王を飾っていたようである。

つぎに棺の東小口部に主軸と直行して置かれた品物。これは棺の内部か、その上部に置かれたものかは判断がつきにくい。一点の鞘におさめられた鉄剣（朱塗り鞘の鉄剣、**図24**）。木製の鞘は水銀朱によって赤く塗られていたと推定されている。特別な一振りであり、一つの行事が終わることを示す重要な品物であったと思われる。この点を重視すれば、石槨内での儀式が終わり、最後に棺上にそっと据え置かれたという風景がよみがえる。いわば棺内外の埋納品すべての儀式が終わったことを象徴づける王との最後のお別れの品とでもいえようか。

図18 ● 宝石箱（檜の箱）**に入れられたもの**
右端が唯一棺内におさめられた人物禽獣文鏡A。
他は土岐石製の工芸品。

そして棺内でもっとも特徴的な遺物が、頭部から少しはなれた所に置かれた宝石箱である。檜《ひのき》製の木箱におさめられ、丁寧に配置されている。その内容は工芸的にすぐれた石製品、鍬《くわ》形石《がたいし》一点、車輪石《しゃりんせき》一点、石釧《いしくしろ》三点、合子《ごうす》二点。合子は蓋《ふた》をはずして置かれている。そして鏡が一点。合計七点の石製品と一枚の鏡が王の棺の中に特別な木の容器に入れておさめられていたのである。そのほか衣服類などは、棺の南側に置かれていたであろう。しかし、有機物製の品物は時の中で土に沈み、その面影もみえてこない。まことに残念である。

青く輝く石製品

王のかたわらに置かれた唯一の鏡については、後でほかの鏡とともに述べるとして、鏡といっしょに宝石箱におさめられた、青々と怪しく輝くみごとな工芸品についてまとめておこう。

七点の石製品は、古墳時代前期を代表する副葬品として位置づけられた腕輪形《うでわがた》石製品と合子である。腕輪形石製品は、鍬形石・車輪石・石釧と三種が揃い、加えて合子をもつ古墳はきわめて異例であり、東日本の古墳では唯一の存在である。また、鍬形石・合子の分布では列島の東端にあたる。これら腕輪形石製品は、本来が南海産の貝殻類を加工して

図19 ● 勾玉
透明感をもつヒスイ製の極上の工芸品。穿孔部に残る赤色は、棺内に置かれた水銀朱の痕跡。

図20 • 車輪石（上）と鍬形石（下）
車輪石は淡緑色。折面と沈線を組み合わせ、丁寧に仕上げている（長さ13 cm）。
鍬形石は全体に土岐石の特色である黄色縞がみられる。丁寧に加工された工芸品（長さ15.8 cm）。

つくった腕輪が原型とされ、石製品に写された瞬間、実用品から遊離し、おもに前期古墳の副葬品として登場しはじめる。近畿地域を中心に分布し、倭王権とのかかわりを色濃く示す遺物「威信財」という評価が一般化した。

東之宮古墳の副葬品では石製品類ほぼすべてが揃い、腕輪形が合計五点、合子が二点と圧倒的な存在感がある。しかも腕輪形は、石に写しとられた時点での、もっとも初源的な形式を残す一群の資料として、その学術的価値も高く、工芸技術の粋を集めた作品と考えてよい。つまり古墳時代前期の石製品としては古い形式を残し、かつそのほとんどが揃うという、まことに規範となるような資料群なのだ。この位置づけは、その分布の東限をなす代表的な古墳としての評価も加えておこう。

重要な点はそれだけではない。東之宮古墳出土の石製品には、ほ

図21 • 石釧
光沢をもつ濃緑色の極上の土岐石を使用。黄色・赤色の縞が特徴。
（上から径6.5 cm、7.3 cm、7.4 cm）

かに類例があまりみられない特徴が備わっている。それは石質にある。青色を基調とするが、深く透明感があり、また光沢がある。よくみると叢雲《むらくも》状の淡いもやもやとした不透明感、白色と黄色の条が混じり合い、時に赤い縞状の筋が入る。比重が重く、鉄分が多い岩質の母岩から製作されたと類推できる。この硬く青みが深い石質は、地元では「土岐《とき》石」とよばれる。土岐石とは、名古屋市の北側をながれる庄内川が岐阜県に入り土岐川と名を変える、その土岐川界隈に転がり落ちる変わった石を水石の世界ではこうよんでいる。そしてそのなかでも極上品、なんとも言えない味わいのある青く硬くしまった石がここでいう「土岐石」の代表的なものである。東之宮古墳出土の石製品はこの地元産の特異な石材、土岐石を巧みな加工技術でつくりあげた工芸品であると考えている。これには賛否があって、二〇一四年の最終報告書『史跡東之宮古墳』では、地域性を踏まえたこの点には、まったく言及していない。

土岐石製の伝統的工芸品

愛知県埋蔵文化財センターの調査成果から、土岐石とよばれるこの種の石材は旧石器時代から知られ、石器として利用されていることがわかっている。さらに縄文・弥生時代にも同様な傾向がみられ、弥生時代後期になると装身具の素材として珍重される。

つまり濃尾平野の古代人は土岐石という不思議な輝きを持つ青い石を知っており、それを求めて土岐川界隈に出没していた。こうした伝統的な石材を利用し、腕輪類を石に写すという発想のなかで、すぐれた石材である土岐石を選択し、最高の技術者の手により製作されたのが東

図22 ● 合子
石製合子では最古式の作品。蓋と身を組み合わせ、２カ所に小孔をもつ。四脚を削り出した円形合子。下は石釧と同じ濃緑色に黄色縞がみられる土岐石の特色をよく残す工芸品（上：径5.1 cm、下：径4.9 cm）。

之宮古墳の石製品であった。そう考えると、一般的な評価としての倭王権から下賜されたとされる威信財という位置づけが怪しくなる。

そもそも、木製品・貝製品などのすぐれた作品を石に写すという発想は、畿内には存在しない。この伝統をもつ社会は、愛知県清須市朝日《あさひ》遺跡の調査から明らかなように、弥生後期の濃尾平野のなかに求めるべきであろう。いずれにしても東之宮古墳の王が所有する石製品の多くは、地元産のすぐれた石材を選び抜き、伝統的な技術に基づき生産された作品群であったと評価しておきたい。

2　刀と剣と斧

東之宮古墳の副葬品の多くは、上述した棺の中に置かれたものではなく、棺と石槨との間に整然と配置された一群の資料である。しかも雑然と置かれたわけではなく、明確な意図をもって分類し、区分けして配置されていた。とても興味深い遺物の配置である。石槨内で棺外の資料はおもに鉄製品と鏡類となる。まずは鉄製品についてみていこう。

配置された槍と鏃――三と五の組み合わせ

内容は、鉄剣《てっけん》四点・鉄刀《てっとう》九点・鉄剣鉄槍《てつやり》一七点・鉄鏃《てつぞく》六点・鉄斧《てっぷ》六点、そのほかに針筒一点・Y字形鉄器《わいじがたてっき》二点・鉇《やりがんな》などである。

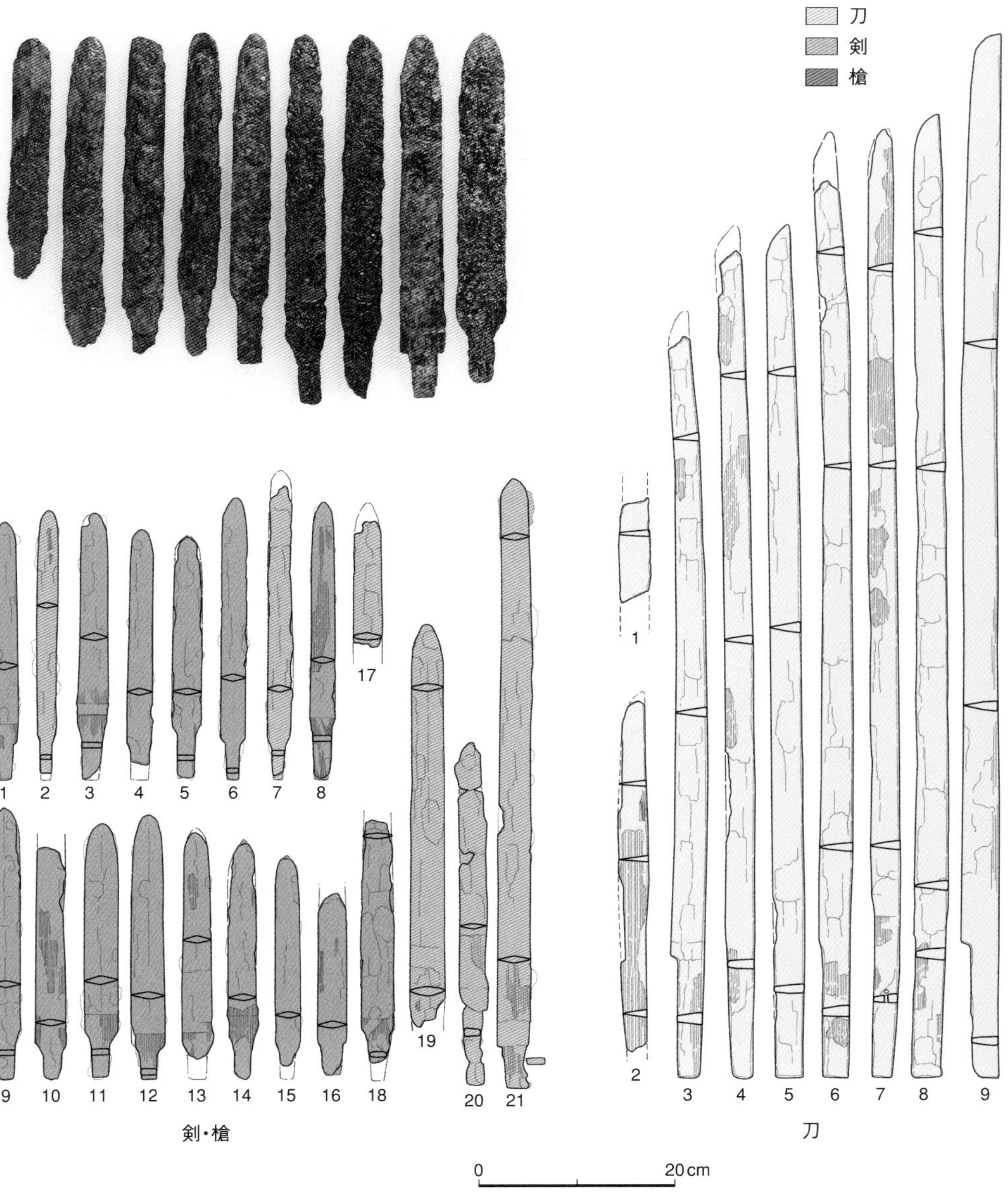

図 23 ● 鉄剣・鉄刀類
右：鉄刀のうち2は東壁付近に、他はすべて北壁東部に粘土床と平行して配置。
左：鉄槍は15点。鉄剣は6点で、20は「朱塗り鞘の鉄剣」、2は東壁、7は南壁中央、17・19・21は北壁東部に鉄刀とともに配置。

その配置で注目したいのが、まず「槍」である。鉄剣鉄槍一七点のうち形状だけからは槍か剣なのかは判別できないが、配置状況から明らかに槍先と考えられる資料は合計一五点出土しており、すべて石槨と棺の間に切っ先を東に向け整然と並び置かれていた。南壁の板石付近に三点、その西側にはやはり三点の槍がまとめられ、二組がやや前後をあけてきちんと配置されている。同様に反対側の北壁面にも三点の槍が二組。三点にまとめられた槍の間には約一メートルほどの空間があるが、おそらく美しく飾られた木製の「柄」が装着されていたと思われる。槍の長さは平均で一・二〜一・三メートルはある。三点がまとめられ五組のセットが王の石槨におさめられた。

さらにその西、棺の西端付近には三点の鉄鏃が北に二点・南に一点置かれていた。形が異なる二種類の鉄鏃があり、やはり矢柄《やがら》が装着されたと思われる空間があり、矢の大きさは五〇〜六〇センチはあったであろう。組み合うように、たとえば愛知県朝日遺跡で出土する短い弓、『魏志』倭人伝が伝える「木拊短弓《もくふたんきゅう》」も同じ位置に配置されたと思いたい。三点はすべて東海地域の伝統的な五角形の鏃《やじり》の形を踏襲しており、加えて鏃の形そのものは出身部族をあらわすものであった。

鉄鏃は二種類三点、槍は三点一組が五セットである。このことから東之宮古墳の王は二つの大きな部族集団を抱え、内部に五つの小集団が存在していたことが類推できよう。それぞれの集団から王への捧げ物がこの組み合わせに反映されていると想像すると、また楽しくなる。そして奇数が古代人にとって、非常に重要な意味をもっていたことがわかる。とくに三と五という数値には特別な意味合いが感じられる。

五尺刀と十拳剣

鉄剣四点・鉄刀九点。そして鉄剣鉄槍一七点のうちで、配置状況などからそのうちのさらに二点を鉄剣と想定し、復元案を考えてみたい。すると鉄剣は六点、鉄刀は九点、鉄槍は一五点置かれていたことになる。

まず、片刃の鉄刀九点のうち、おそらく八点はすべて北壁の東部にまとめられ、なるべく重ならないようにうまく配置されていたものと思われる。切先はすべて東向き。刃はことごとく棺側にむけられていた。そして刀には木質の痕跡が残り「鞘入り」であったことがわかる。美しい鞘におさめられた八点の刀、そのうちでもっとも長いものが刀身で一〇九・五センチである。『魏志』倭人伝が伝える「五尺刀《ごしゃくとう》」に相当するものが四口ある。実用品というより贈答用の特別仕立ての工芸作品であったろう。

そして残りの一点の刀も鞘入りで、前述したすべての儀式の終わりを示すために置かれた特別仕立ての「朱塗り鞘

図24 ● 朱塗り鞘の鉄剣の出土状況
東壁の立ち板石に沿って出土した鉄剣・刀類。中央が「朱塗り鞘の鉄剣」、その左下に鉄刀・鉄剣の2点が置かれていた。

の鉄剣」と同じ場所に、一点の小型の鉄剣といっしょに据え置かれた。

鉄剣六点のうち、より長い剣三点（一点は破片）は鉄刀とおなじく刀剣類がまとめられた北壁の東部に置かれた。おそらく配置状況の復元から推定すると刀剣類では、もっとも早い段階でおさめられた品物と思われる。あるいは最初におさめられた特別な意味をこめた剣であると想定すると、神々が携帯する長い「十拳剣《とつかのつるぎ》」に相当する儀式用の剣であったのかもしれない。

他の三点の剣のうち、一点は先ほどの「朱塗り鞘の鉄剣」であり、もう一点も同じ場所に小型の鉄刀と組み合わせて配置された小型の鉄剣である。そして残る一点は南壁の中央部に鉄槍とともに配置された。すると王が眠る棺の両脇に最初に北壁に三点、南壁に一点の剣をそれぞれ配置し、その後に槍や刀剣類をつぎつぎに配置したと想定できる。やがて儀式が終了した時点で、棺の東端部で「朱塗り鞘の鉄剣」とともに鉄刀一点と鉄剣一点が、おそらく棺の上に置かれ、副葬品埋納儀礼はすべてが終了した。

斧鉞の影──五つの目的と一つのミッション

石槨の西壁周辺にはほとんど遺物がみられないが、そこに置かれたものは「鉄斧」六点である。そのうち鉄の板状の短冊形鉄斧《たんざくがたてっぷ》が三点、木製の柄を装着するように工夫された袋状《ふくろじょう》鉄斧が三点。やはり三という数なのである。とくに注目したいのが大型の短冊形鉄斧一点である。この鉄斧は他にくらべ倍以上に大きく、また置かれた場所も一つだけ離れてまっすぐに棺の脇に置かれていた。他の五点は棺を置く粘土床と西壁に重なるようにまとまって発見されている。

おそらく東壁沿いでおこなわれた最後の儀式、「朱塗り鞘の鉄剣」埋納と同じように、足元では鉄斧を棺の上に埋納終了儀式として据え置いたと想定しておきたい。ただし、大型の板状の短冊形鉄斧だけは特別だ。大きさは、長さ一九・五センチ、幅三・四センチである。鉄斧には布や木質の痕跡は残っていなかったが、やはりこれは柄が装着され、斧の体裁が整えられていたと考えたい。この特別の斧はどのような意味をもつのであろうか。

統帥権の象徴として斧を渡すことは『古事記』などに登場する。「斧鉞《ふえつ》」とよばれ、君主が統率のしるしとして出征する将軍に渡したものである。また、ある目的を遂行するために全権を委ねられた者に、その証しとして渡される。

では東之宮古墳の鉄斧は、誰から何のために渡されたのであろうか。それは倭王であるのか、この地の部族社会の神々であるのか。誰から渡されたかによって意味づけが大きく変わってくる。いずれにしろ斧鉞の影がこの大型の鉄斧に投影されているように思える。鉄斧に込められた意図が、それぞ

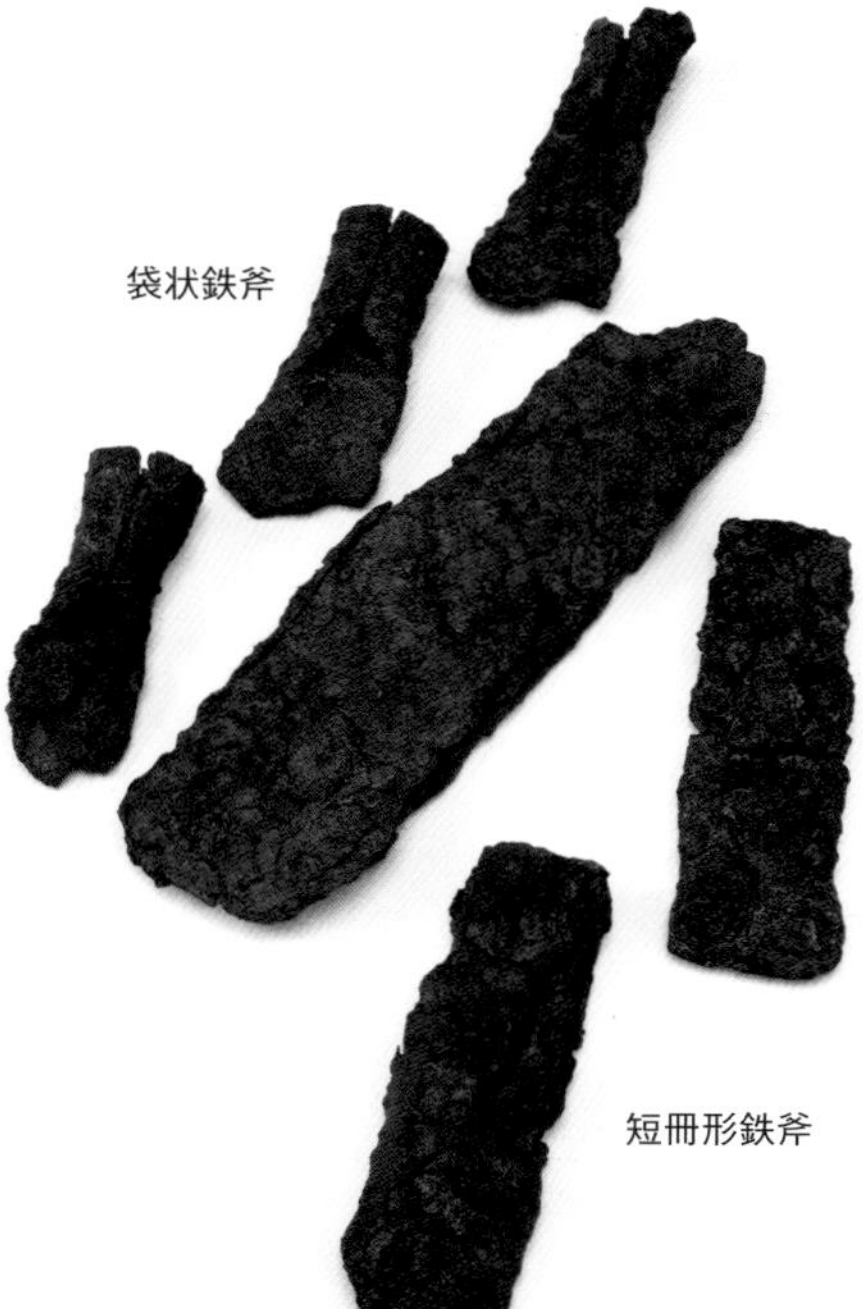

図25 ● 袋状鉄斧と短冊形鉄斧
西壁にまとめられた鉄斧。大型の短冊形鉄斧（19.5 cm）のみが粘土床と側壁の間に粘土床と平行して置かれていた。

れのなんらかの目的遂行にあると考えると、部族社会が抱えていた五つの目的と一つのミッションを遂行した英雄がここに眠っていることになる。

Y字形鉄器と鏡作工具

もう一つ鉄器がまとまる場所をみてみよう。それは鏡一〇面が立てかけられた「立ち板石」付近、その東壁北端部付近に集中する。まず興味深いのが、謎の鉄器であるY字形鉄器（**図26左**）で、B鏡群と重複して発見されている。その名のとおり、いくつかの突起が特徴的な不思議な鉄板製品だ。東之宮古墳からは二点が出土しており、セットとして使われたと考えられている。

森下章司は「第二集報告書 二〇〇五」で、類品の出土が奈良県天理市黒塚古墳・滋賀県近江八幡市瓢箪山《ひょうたんやま》古墳・京都府向日市妙見山《みょうけんやま》古墳にあるとし、同形同大二本一組で副葬する点と繊維や布の付着に着目し、玉杖や琴柱形《ことじがた》石製品などとの類似点などを

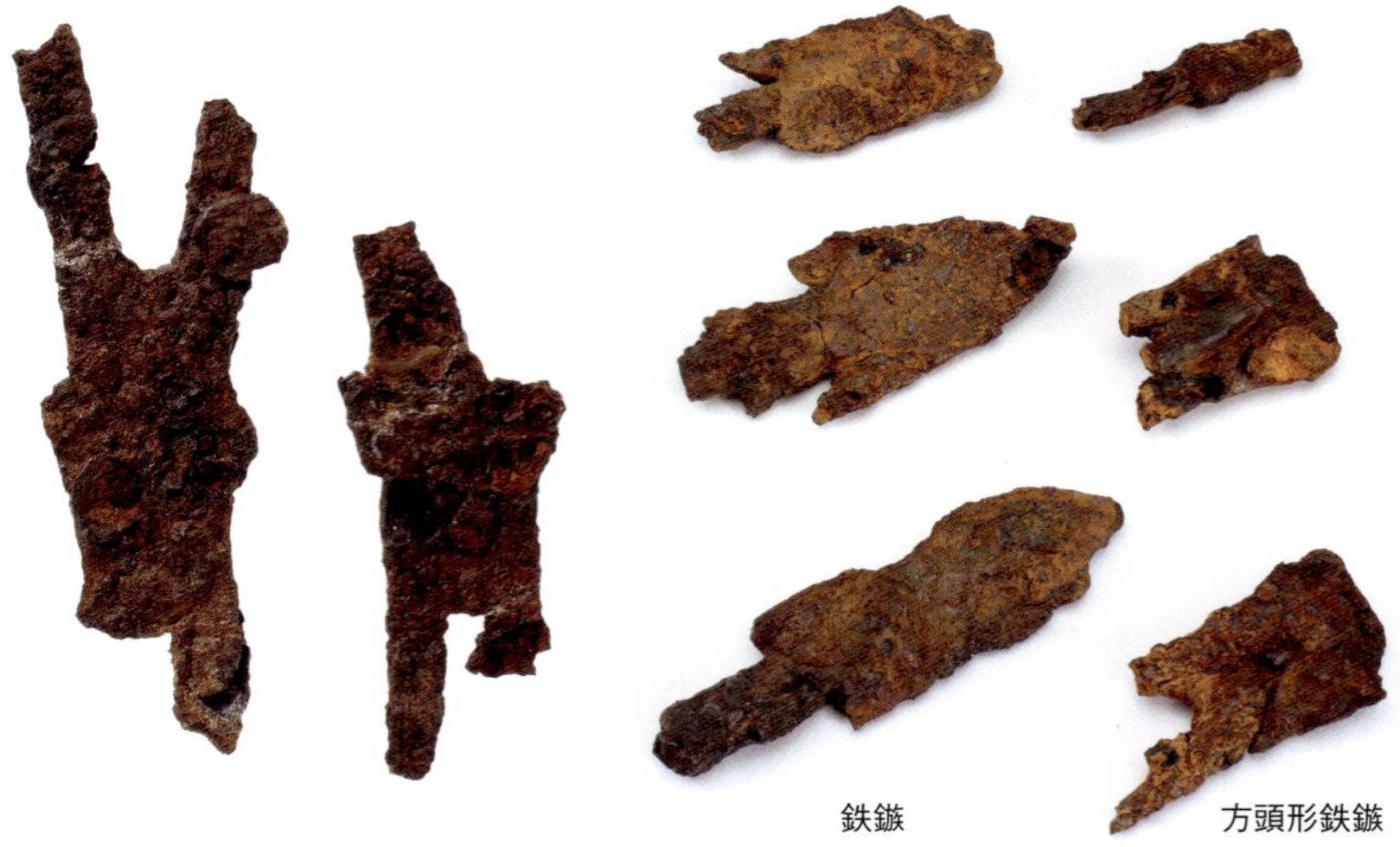

図26● Y字形鉄器（左）**と鉄鏃**（右）
Y字形鉄器は、箱入りのB鏡群付近に置かれたもので、上下が欠損する。鉄鏃は、左側の上と下が逆刺（かえり）をもつ五角形鏃、中央が大きな茎（なかご）をもつ逆刺のある五角形鏃。右側の下2点が矢尻鋏の方頭形で、東壁付近出土。

指摘している。現在のところ三世紀後半から四世紀前半期の古墳からのみ出土する希少な謎の副葬品である。

また、東壁北端部のY字形鉄器の近くには、刀子一・針筒一・方頭形鉄鏃《ほうとうけい》二点（図26右）、そして鑿《のみ》・鉇が置かれていた。方頭形鉄鏃は、刃部はみられず黒漆の矢尻鋏《やじりばさみ》がとり付けられたもので、鏃の機能はない。鑿は厚さ二ミリにみたなく、鑿の機能というより彫刻刀的な意味合いをもつものであろう。たとえば、人物禽獣文鏡の界圏幅などがほぼ同じ大きさである。

針は九点を束ねて円形竹筒におさめられていた。長さ六センチである。これらの工具は大型の大工道具ではなく細部加工用の特殊な道具と考えてよい。とくに針や鑿は現在の裁縫道具や大工道具のイメージとはほど遠い。あるいは人物禽獣文鏡の土型に彫り込む極詳細な線彫用の道具であったかもしれない。自らが指導し、つくらせた人物禽獣文鏡を含めた倭鏡群。それらの神器を作成した道具一式をまとめて大切に埋納したと想定できないだろうか。

3　破られた鏡

座右の鏡

いよいよここで一一面の鏡の話に入ろう。東之宮古墳を代表する遺物といっても過言ではない。まず注目しなければならないのが、棺内の鏡と棺外の鏡である。王とともに棺の中に埋納された鏡は一面だけである。それは上述した木製の宝石箱に石製品といっしょにおさめられていた。一九七三年の調査の成果発表のおりに顧問の久永春男が「座右《ざゆう》の鏡」とよんだ一面の鏡である。

この鏡は人物禽獣文鏡に分類される特殊な倭鏡である。なぜ特殊なのか。それは、列島内のこの地域にしか存在しない実に風変わりな日本製の鏡だからである。もちろんヤマトをはじめ近畿地域には存在しない。そんな変わった鏡を東之宮古墳の王はわざわざ棺の中へ、しかも宝石箱に入れ、精霊が宿る彼の地にもっていったのである。列島の多くの前期古墳では被葬者近くに置かれる鏡の代表はもっぱら中国鏡であった。東之宮古墳に副葬されている鏡のなかには、もちろん中国鏡も含まれていた。しかし、中国鏡ではなく人物禽獣文鏡を選択したのだ。ここに被葬者の強い意志が伝わってくる。

実は東之宮古墳からは、四面の人物禽獣文鏡がみつかっている。その一面が棺内鏡であった。人物禽獣文鏡A（一一号鏡、**図27**）とした鏡であり、おそらくこの種の鏡では、もっとも初源的な作品と考えられる。しかも図像が変わっている。大胆に配置された奇妙な人物のような、そうでないようなものが四つ、その周りには巴形《ともえがた》銅器がイメージされる巴文が配置され、細線《さいせん》隆起文《りゅうきもん》が縦横無尽に充塡するかのように描かれる。内外区を区別するように特徴的な幅広い円形の界文が配置され、不思議な蕨手突起《わらびてとっき》状の文様が八方に飛び出る。

この鏡は、三角縁神獣鏡《さんかくぶちしんじゅうきょう》とくらべると白色を呈する。どうやらスズの分量が多い青銅鏡のようだ。そしてもう一つこの鏡には奇妙な点がある。それは宝石箱の中の宝物では唯一「破《わ》れていた」のだ。

唯一無二の人物禽獣文鏡

この鏡以外は、すべて石槨東小口につくられた不思議な一枚の「立ち板石」に立てかけられた鏡であった（**図42**）。ところで、東之宮古墳出土の鏡は一一面、そのうち破れた鏡が二面だけ存在する。人物禽獣文鏡四面のうちの二面がこの破れた鏡であった。一面は前記の棺内鏡、もう一面は、立ち板石に配置された鏡の東側からみつかり、人物禽獣文鏡B（八号鏡、**図28**）とよんでいる。この人物禽獣文鏡Bも、また不可思議な文様をもつ鏡であり、表現が他の人物禽獣文鏡とは大きく異なり、鋭く鋭利なはっきりとした図像となる。タッチがひときわ個性的で、そこに描かれたものたちも摩訶不思議なものである。しかし、A鏡にみられた奇妙な人物のような表現とその脇にある巴文の組み合わせは、きわめて類似する。しかし内区ではなく、外区の主文様として配置されている。

C鏡（四号鏡、**図29**）は、人物禽獣文鏡の最高傑作品と評してよいものだ。実にすぐれた表現方法を駆使し、とくに直弧文とよばれている弧帯が入り組む三次元的な表現にまで到達している。そして人物と魚、渦と獣が絡みあう奇妙奇天烈だが、どこかなつかしい景色が埋め込まれている。人物禽獣文鏡のなかでは大きな鏡である。

すぐれた腕前を披露した職人がつぎに手がけたのは、最後の人物禽獣文鏡D（九号鏡、**図30**）であった。中国鏡の伝統的な図像配置と原理原則にあてはめながら、個性的な鏡の終焉をみごとに表現したのである。そこには手をあげ万歳するかのような連続人物群が配置された。このような発想はどこからきたのだろうか。

図27 ● **A鏡**（人物禽獣文鏡・11号鏡、径12.83 cm）
唯一の棺内出土鏡で、石製品類とともに木箱におさめられていた。幅広の複数の突起がある界圏帯が特色で、四つの主文様と四つの巴文座を配する。よく研磨され、白銅色。三つに分割された破砕鏡。

図 28 ● B 鏡（人物禽獣文鏡・8 号鏡、径 14.1 cm）
立ち板石の D 鏡群の一番奥におかれた鏡。弧文・魚文などを充塡し、人物文や巴状文を組み合わせた独特のデザインが特徴。四つに分割された破砕鏡。

図29 • **C鏡**（人物禽獣文鏡・4号鏡、16.2 cm）
立ち板石Ａ鏡群のうち、一番奥におかれた鏡。幅広の界圏で区分された外区には弧文・魚文・綾杉文などをたくみに組み合わせ、その間に人物文を配し、直弧文ふうにデザインをおり込むみごとな作品。

図30 ● **D鏡**（人物禽獣文鏡・9号鏡、16.37㎝）
立ち板石D鏡群の一番手前におかれた鏡。幅4㎜の界圏により外・内区を分け、外区は三重構造の鋸歯文・綾杉文・弧文・人物文・櫛歯文を単位とする6分割によりデザインされているたいへん興味深い作品。

図31 ● 斜縁同向式二神二獣鏡（2号鏡、21.1 cm）
立ち板石Ａ鏡群の手前から二つめにおかれた鏡。一般的には中国鏡（徐州系の後漢鏡）と評価されている鏡であるが、図像表現はにぶく、鋳造時のものか、全体に鮮明さに欠ける。「吾作明」からはじまる銘文を鋳出す。

図32 ● 三角縁唐草文帯三神二獣鏡
（1号鏡、径23.78㎝）
立ち板石A鏡群の一番手前におかれた鏡。すぐれて鋳上がりのよい作品。図像の研磨はほとんどおこなわれていない（奈良県鏡作神社蔵鏡と同笵・同型鏡）。

図33 ● 三角縁天王日月唐草文帯二神二獣鏡
（3号鏡、径21.43㎝）
立ち板石A鏡群の手前から三番めにおかれた鏡。鋳上がりは良好で、研磨は目立たない（兵庫県ヘボソ塚古墳、大阪府石切神社蔵、京都府西・東車塚古墳、長法寺南原古墳、奈良県佐味田宝塚古墳、岐阜県円満寺山古墳・矢道長塚古墳、島根県四塚山古墳と同笵・同型鏡）。

図34 ● 三角縁波文帯三神三獣鏡
(5号鏡、径21.4 cm)
立ち板石B鏡群の手前におかれた6号鏡とともに木箱入の鏡。簡素化され単位文となった2種3体の図像が配される（大分県亀甲山古墳、兵庫県龍子三ツ塚1号墳、他1面と同笵・同型鏡）。

図35 ● 方格規矩四神倭鏡
(6号鏡、径21.88 cm)
5号鏡と組み合い、木箱におさめられたB鏡群。鋳上がりがよく、丁寧に研磨されている。方格規矩倭鏡のもっとも古い段階の作品。

図36 ● **鳥頭系四獣形鏡**
（7号鏡、径11.2 cm）
立ち板石C鏡群として単独で配置された倭鏡。鋳上がりが良好でよく研磨されている。

図37 ● **三角縁波文帯三神三獣鏡**
（10号鏡、径21.5 cm）
立ち板石D鏡群の手前二つめにおかれた鏡。図像は不鮮明（大阪府弁天山C1号墳、奈良県鴨都波1号墳、栃木県立博物館蔵品と同笵・同型鏡）。

Ａ・Ｂ鏡とＣ・Ｄ鏡の間には製作時期の差が読みとれるが、前者の仲間には本巣市の宝珠《ほうじゅ》古墳の鏡、後者の仲間には海津市の行基寺《ぎょうきじ》古墳の鏡をあてはめることができる。この六面が人物禽獣文鏡類であり、すべてが濃尾平野に偏在することになる。初期倭鏡製作を考えるうえで重要な資料群であり、倭王権からの鏡分与にもとづく威信財といった通説的な考え方では理解しにくい異端の鏡である。

図38 ● Ａ鏡の文様
4体の主文様は環状の目をもち両手を上げ、左足を上げて飛びはねるような表現にもみえる。その下には巴形銅器を連想させる巴文座乳が組み合う。

「立ち板石」の「四つ」の鏡群と棺内の一面の鏡

東之宮古墳からは合計一一面の鏡が出土している。その内容は三角縁神獣鏡四面、同向式神《どうこうしきしん》獣鏡《じゅうきょう》一面、方格規矩倭鏡《ほうかくきくわきょう》一面、四獣形鏡一面、そして人物禽獣文鏡が四面である。また一一面の鏡のうち、棺内鏡一面は人物禽獣文鏡Ａ（Ｅ鏡群）であり、残り一〇面はすべて竪穴式石槨東壁に存在する一枚の大きな奥壁状壁面の「立ち板石」に立てかけられた状態でみつかった。そして、この一〇面には四つのまとまりがみられる。これを北に向かって左側からA・B・C・D群の鏡群とよんでおこう（**図42**）。どうやら単独あるいは数面単位でまとめられ石槨内に埋納されたと考えられる。その意図はどこにあるのだろうか。

A鏡群（四面の組合せ鏡）

「立ち板石」北側にまとまって配置されていた鏡群。四面の鏡がすべて鏡面を棺方向に向け、重ねて板石面に立てかけられていたものと推測できる。またそれぞれ布に包まれていた可能性が高い。出土状況は、手前から三《さん》角縁《かくぶち》唐草《からくさ》文帯《もんたい》三神二獣鏡（一号鏡）、斜縁《しゃえん》同向式《どうこうしき》二神二獣鏡（二号鏡）、三角縁天王日月唐草文帯二神二獣鏡（三号鏡）、そして一番奥にはあの最高傑作品、人物禽獣文鏡C（四号鏡）の組み合せであった。なお一号鏡である三角縁唐草文帯三神二獣鏡

図39 ● B鏡の文様
A鏡の主文様をデフォルメし、外区に大胆に配置する。巴形銅器状の文様は大きく崩れるも、人物との組合形は踏襲する。新たに鳥や魚が加わる。

は、検出段階では手前に倒れ込み、結果として鏡背を向けた状況で発見されている。しかしまったく破損してはいない。

B鏡群（箱入りの鏡）「立ち板石」中央部に存在する鏡群。古墳の軸線の真ん中に位置する。検出時には二面ともに手前に倒れ込んだ状況でみつかっているが、本来は板石に立てかけられていた。それは板石に残っていた鏡状の変色部からも間違いない。手前から三角縁波文帯三神三獣鏡（五号鏡）、大きな方格規矩四神倭鏡（六号鏡）の二面の組み合せである。そしてこのB群だけが、個々布に包まれ一つの木箱（檜製）におさめられていたことがわかっている。箱入りの鏡である。倒れ込んだがやはり破れてはいない。

C鏡群（一番小さな鏡） やや南よりに配置された、東之宮古墳出土鏡のなかではもっとも小型の鏡である。鳥頭系四獣形鏡《ちょうとうけいしじゅうけい》（七号鏡）の一面だけがやはり鏡面を棺方向に向けて、おそら

図40 ● C鏡の文様
やはり両手を上げ、片足を少し上げた人物文を単位文として多用した作品。魚と異様な獣が組み合うすぐれた作品。

く布で包まれ単独で配置されている。「第二集報告書　二〇〇五」では人物禽獣文鏡B（八号鏡）と組み合う可能性も考えたが、やはり出土状況の写真画像からは四獣形鏡の単独配置と推定したい。この鳥頭系四獣形鏡に類似する鏡群はおもに東日本に偏在するが、東之宮古墳ものが、この種の鏡群では最古式の倭鏡と考えられる。

D鏡群　もっとも南に配置された鏡群。すべて鏡面を棺方向に向けて壁面に立てかけられていた。手前から人物禽獣文鏡D（九号鏡）、その背後には三角縁波文帯三神三獣鏡（一〇号鏡）の二面の組み合わせ。そしてずり落ちたような出かたをみせた人物禽獣文鏡B（八号鏡）が存在する。この鏡は、破れた状態で板石にへばりついていた。二組の鏡と人物禽獣文鏡Bという組み合わせがみられる。

E鏡群（一面の棺内鏡）　棺内に配置された唯一の鏡で、石製品とともに宝石箱におさめられ

図41 ● D鏡の文様
外区にC鏡でデザインした直弧文ふうの文様帯を切り出し、バンザイする人物を連続文に進化させている。内区は魚文を主役に位置づける意欲的な作品。

た。人物禽獣文鏡A（一一号鏡）であり、鏡面を上にして破れた鏡として出土した。

葬式用の鏡

「立ち板石」の一〇面はどのように配置されたのか考えてみよう。

写真をよく観察すると、A鏡群の四面は、一番奥の人物禽獣文鏡Cとほかの大型鏡が、いくぶんずれているようにもみえる。あるいは、人物禽獣文鏡Cと大型鏡三面という組み合わせだったのかもしれない。そこで、まず棺が石槨内に安置された後、前もって鏡群を配置するために用意された立ち板石に沿って、ある目的別に鏡が埋納されたと考えてみよう。

最初に、板石の両サイドに人物禽獣文鏡CとBが立てかけられ、つぎに主軸線の真ん中に木箱入りの鏡二面（B鏡群の三角縁波文帯三神三獣鏡と方格規矩四神倭鏡）が立てかけられた。その後北側の人物禽獣文鏡Cの上に大型鏡の三面（A鏡群の三角縁唐草文帯三神二獣鏡・斜縁同向式二神二獣鏡・三角縁天王日月唐草文帯二神二獣鏡）、南側に鳥頭系四獣形鏡（C鏡群）そして南端に二面の鏡（D鏡群の人物禽獣文鏡Dと三角縁波文帯三神三獣鏡）が人物禽獣文鏡Bの上に重ねられた。そう考えると、鏡の配置は王とともに棺内におさめられた鏡が人物禽獣文鏡A、用意された立ち板石に人物禽獣文鏡CとBが両サイドを固める形で配置され、その間に四つの鏡群が据え置かれていたことになる。まさに人物禽獣文鏡を基軸として鏡群が存在していた。

東之宮古墳の被葬者にとって人物禽獣文鏡は、やはり特別な思いのある品物だったのかもしれない。また倭王権からの分与というシステムを認めるとすれば、特別な木箱入り鏡であり主軸線上に置かれたB群の二面が相当するかもしれない。あるいは王の葬式のためにわざわざ倭王権から贈られた品物だったかもしれない。それは、三角縁波文帯三神三獣鏡（五号鏡）と大きな方格規矩四神倭鏡（六号鏡）である。

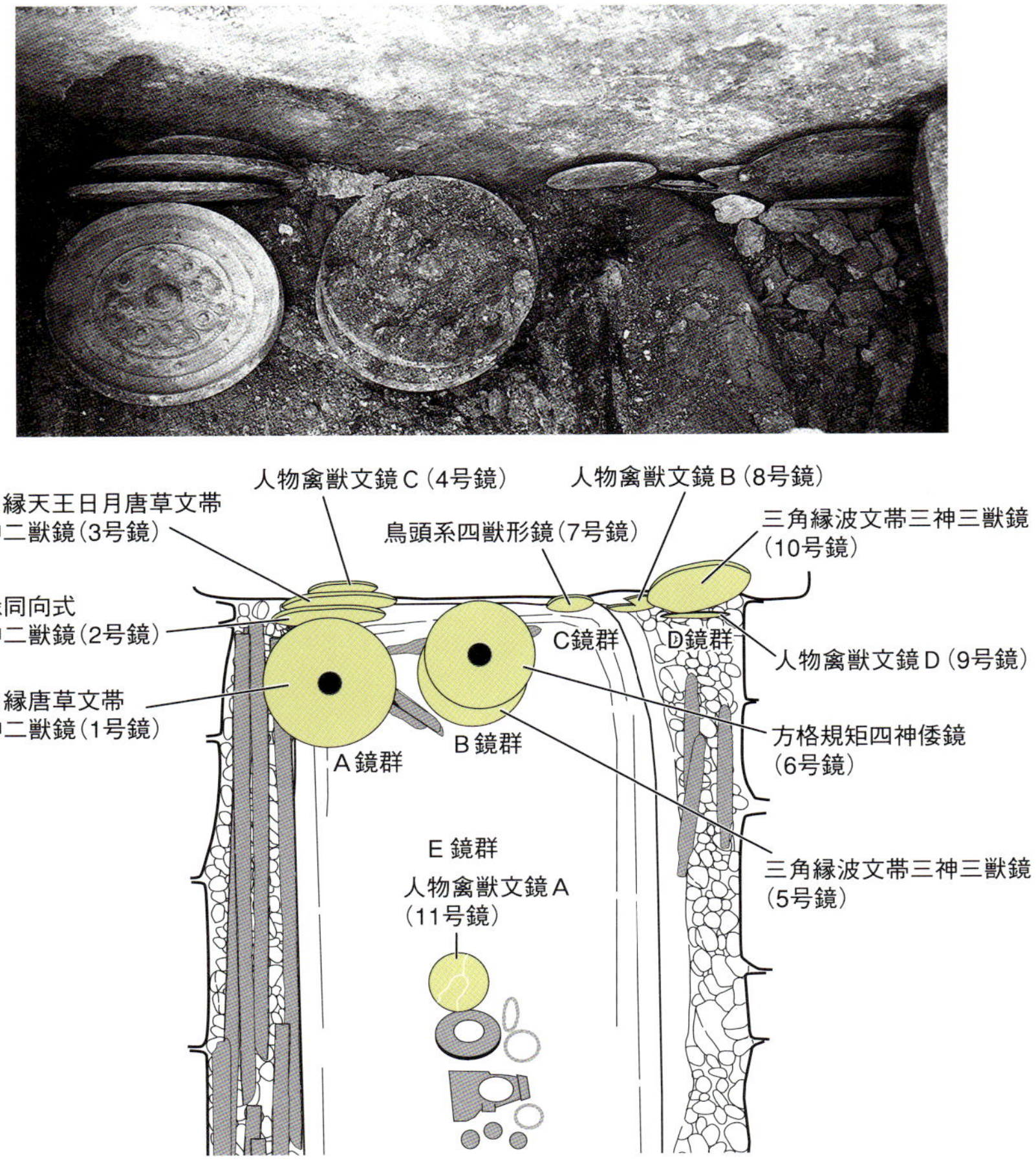

図42 ● 鏡の配置状況
上：西壁の立ち板石にまとめられた四つの鏡群の検出状況。左手前に倒れこんでいる鏡が三角縁唐草文帯三神二獣鏡（1号鏡）。
下：立ち板石に立てかけられた10面の鏡と木箱に石製品とともに入られた鏡の配置。

破れた鏡

ところで一一面の鏡のうち、破れた鏡が二面ある。人物禽獣文鏡AとBであった。立ち板石に立てかけられ、倒れ込んだ三角縁神獣鏡などの大型鏡には、こうした痕跡はまったくみられない。埋納され長い保存過程で、土圧などにより偶然に破損したと考えるのは、やや不自然である。

さらに二面の鏡をよく観察すると、同じような破れ方をしていることがわかる。実はこの破れ方は、ほかの古墳でも確認できる。なかには明らかに意図的に鈕座《ちゅうざ》付近からの打撃により破砕させた痕跡がみられる資料もある。おそらく二面の鏡は埋納前に意図的に破られた「破砕《はさい》鏡《きょう》」と考えることができる。

副葬品の鏡が破られる現象は、弥生時代後期に北部九州の甕棺墓などでみられる風習であり、西日本を中心として弥生時代後期から古墳時代早期にかけて確認することができる。東之宮古墳から出土した人物禽獣文鏡二面にはこうした弥生時代からの風習が残っていたことを示す貴重な資料である。人物禽獣文鏡Aは唯一の棺内鏡であり、人物禽獣文鏡Bとともに人物禽獣文鏡の初期の作品でもあった。やはりこの二面には、何か特別な意味合いをもたせたと考えたくなる。ちなみに人物禽獣文鏡Bは小破片が欠損し、おそらく別な場所で破砕され、布に包まれ板石に立てかけられたのであろう。鏡群の最初の場面において丁寧に配置されたものと思われる。破砕鏡復元配置に古代人からの強いメッセージを感じるのは、私だけだろうか。

いずれにしても東之宮古墳の鏡群埋納は、人物禽獣文鏡にはじまり人物禽獣文鏡で終わる。

4　王が活躍した暦年代

以上の宝箱のみごとな副葬品から、人物禽獣文鏡を代表とする個性的な倭鏡群と東濃産の石製品を所有する東之宮古墳の被葬者の存在が明らかとなった。これらの副葬品は、濃尾平野の弥生時代からの伝統的地域社会が育て上げた文化であり、高水準の工芸技術品である。

東之宮古墳の被葬者は地域の伝統的な特産物を背景に、すぐれた工芸技術集団を把握し、犬山扇状地から可児《かに》盆地にいたる古代邇波《にわ》の領域（**第4章参照**）全体に多大な影響力を及ぼした、先進的な指導者と位置づけられる。二つの部族とその内部に五つの小集団をかかえ、彼らの社会に必要であったなんらかの出来事、一つのミッションと五つの目的を遂行した英雄として崇められた。

東之宮古墳の造営時期を決める資料としてもっとも注目されるのは、墓壙内から出土した土器片と、前方部を含め墳丘調査にともない出土した土器である（**図43**）。その出土位置は**図44**にしめした。とくに墳丘上での小型のS字甕（S

図43 ● 墳丘調査で出土した土器
下の5片がS字甕で、最下段中央の破片が口縁部。

字状口縁台付甕）の使用は注目したい。S字甕は墓壙内と前方部調査区からみつかり、埋葬にともなう儀礼に直接使用された器類と判断できる。

S字甕は伊勢湾沿岸部に広く分布し、AからD類に分類され、カタチが変化していったことがわかっている。また濃尾平野ではこうした個々の土器の型式と同時代の土器群の特色の組み合わせである様式の変遷をまとめて「廻間《はさま》式土器」とよんでいる。そしてⅠからⅢ式への変化を設定し、土

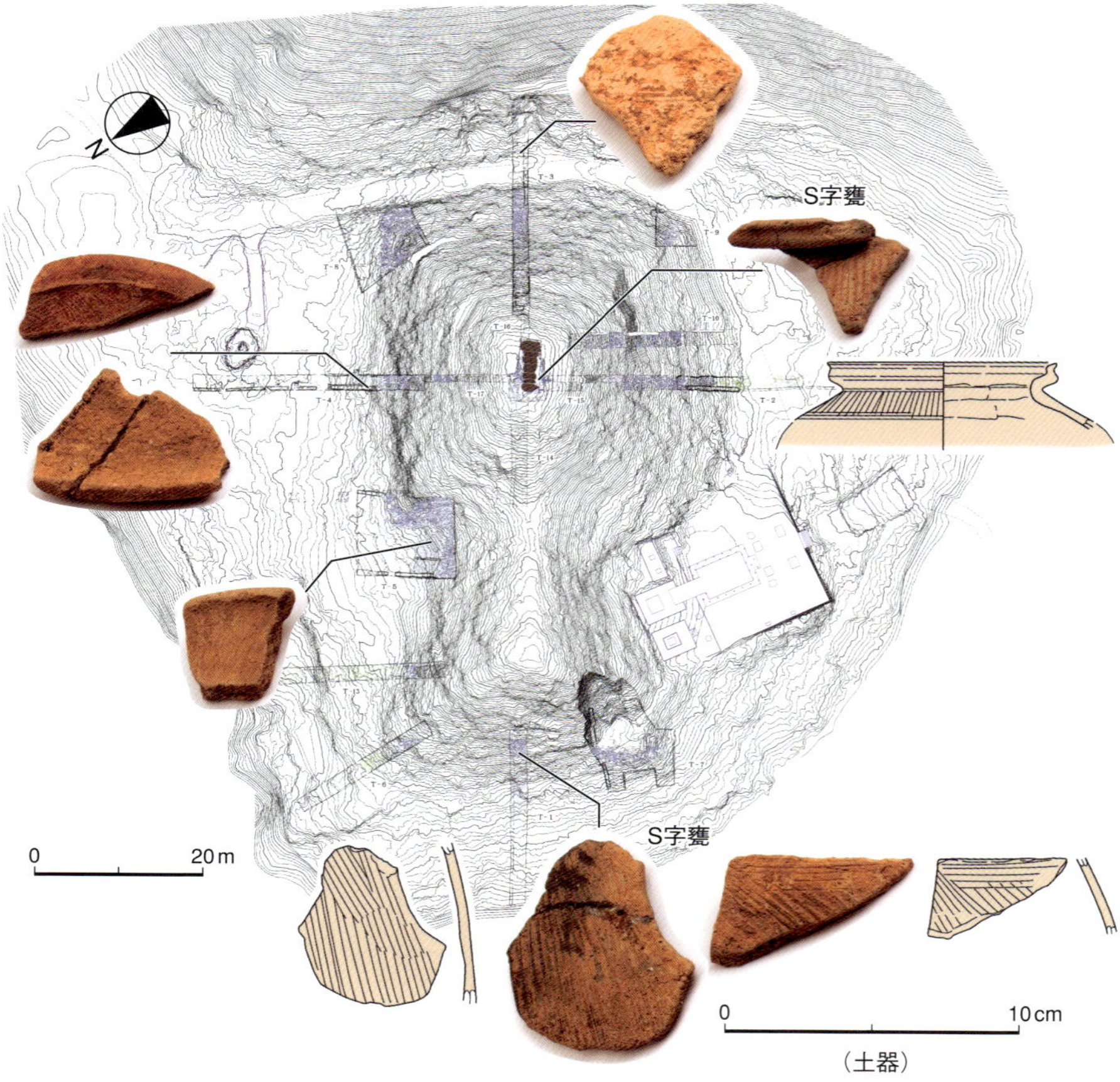

図44 ● 土器の出土位置
前方部および後方部の頂上付近よりＳ字甕が出土している。

器の特徴とその組み合わせを評価することにより、おおよその時期を推定することが可能になってきている。出土のS字甕の特徴からB類新段階からC類前半段階の資料であり、他の土器群を含め全体として廻間Ⅲ式前半期に位置づけておきたい。

暦年代としてはおおむね三世紀第3四半期を中心とした時期と想定したい。また東之宮古墳から出土した土器は、三世紀前半期の土器群のような豊かな加飾性をもつ器がなく、かつ小型化した土器が基調を占める。こうした特徴は、同じく三世紀第3四半期に所属する岐阜県養老町象鼻山《ぞうびさん》一号墳の土器群と類似点をみいだすことができよう。ただ墓壙内からみつかった小型のS字甕の形状からは、廻間Ⅱ式末からⅢ式初までさかのぼることも想定できる。この資料をそのまま評価すると、三世紀中ごろまでさかのぼることになるが、やはり小型品という点と他の出土土器を総合すると、今のところ三世紀第3四半期に所属する古墳と評価しておきたい。

東之宮古墳に葬られている人物が生前に活躍した時代は、どうやら三世紀中ごろという興味深い時期に想定できる。すると東之宮古墳の被葬者は、まさに邪馬台国《やまたいこく》と狗奴国《くなこく》が抗争する日本歴史の一つの画期を駆け抜けた人物かもしれない。

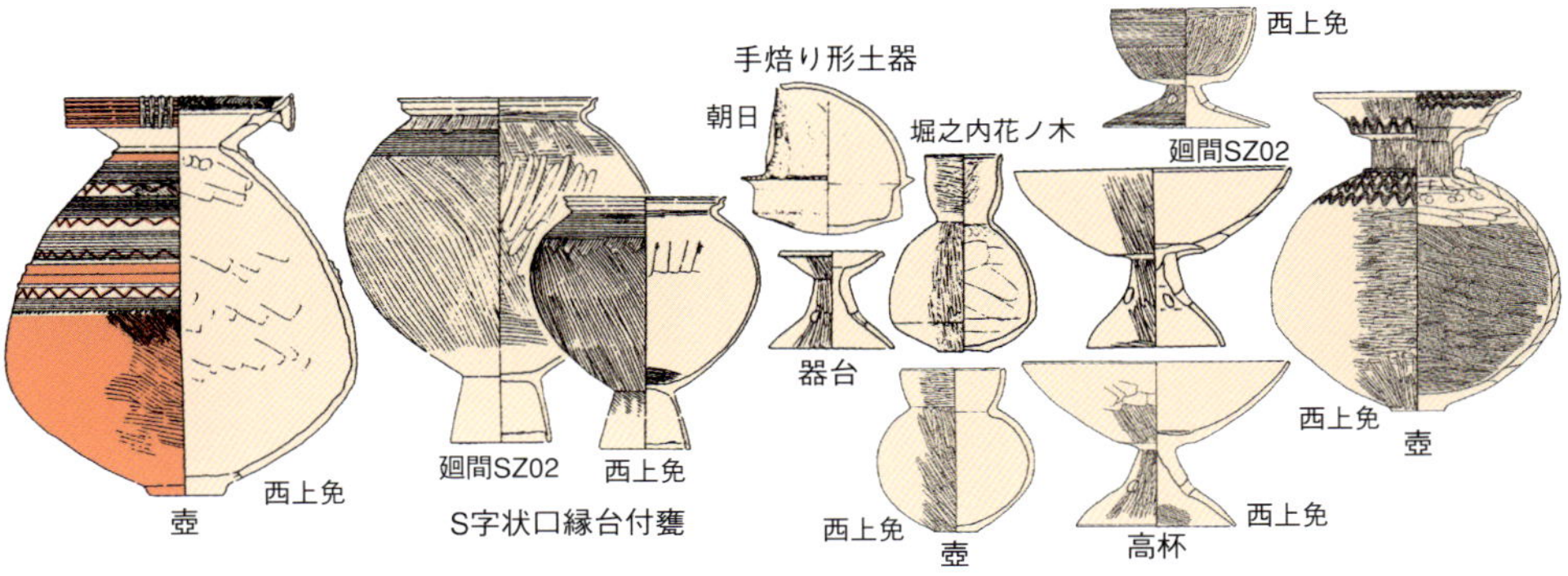

図45 ● 廻間Ⅱ式土器
邪馬台国時代の濃尾平野の土器の様式。

第4章　邇波の王

1　邪馬台国・狗奴国の時代

多様な地域社会

二世紀から三世紀、日本列島には実に多様な地域社会が存在していたことが明らかになってきた。それは、近年の考古学調査の大きな成果ではないかと思っている。

まず、地域により族長の墓のカタチは異なっている。たとえば出雲《いずも》から因幡《いなば》、そして北陸の一部にかけては四隅突出型墳丘墓がみられ、北近畿では痩せ尾根をたくみに造成する台状墓、中東部瀬戸内や九州島の日向《ひゅうが》や北部九州の一部、信濃善光寺平や群馬県の一部には円形墓、東海から大阪湾沿岸部には方形墓などがある。そして、その表面を飾る素材、石や化粧土もさまざまであり、見た目がまったく異なる。まさに地域型墳丘墓の時代といえよう。

さらに彼らの身を飾っている品物も実に多様で、それぞれの地域特産の伝統的素材をたくみに加工しているのだ。おそらく言葉や風俗風習が異なる部族社会的な風景と考えてよい。そして地域によって求められ、崇められるモノも異なっていた。弥生文化から古墳文化への流れを考えるうえで、従来のように同じものを同じように求める一律な考え方はもうやめたほうがよい。まずは地域社会をそれぞれきちっと評価するところからはじめよう。

地域社会から部族連合へ

そのような時代のなか、二世紀後半から三世紀前葉にかけて列島を大きく動かす出来事がみられる。それは土器の広域的な移動という現象に象徴される。もちろん土器が動くということは、人や文化が動くことである。この現象が『魏志』倭人伝が伝える国々のまとまりへの始動であり、その後の卑弥呼《ひみこ》共立にいたる大部族連合への道のりと評価できる。そのなかで、とくに個性的な輝きを放つ地域が存在する。

一つは大阪湾沿岸部であり、今一つが伊勢湾沿岸部。いわゆる近畿系と東海系文化の拡散現象（地域の土器や墳丘墓などが広がる）である。具体的には、さらに周辺地域を巻き込んで、地域の弥生文化そのものを大きく解体することになる。この現象のもとに、結果的には三世紀中ごろまでには、列島の多くの地域で西日本には前方後円墳、東日本には前方後方墳がとくに目立って造営されていくことがわかってきた。個々の国々がさらに大きなまとまりへと変貌しつつあったのである。そして卑弥呼を長とする女王国と、それに反旗を翻したヒミココ（卑弥弓呼）が率いた狗奴国との抗争が二四七年ごろに勃発する。このシナリオにもとづけばであるが、東之宮古墳に眠る王は狗奴国側の一員として歴史的出来事に遭遇し、活躍した人物かもしれない。どうだろうか。

2 邇波の里

邇波

ここで東之宮古墳をつくり上げた地域社会をイメージしてみよう。

古代、この地を「邇波《にわ》」といった。そこは木曽の谷から流れてきた水（現在の木曽川）が、半径約一二キロという広大な犬山（木曽川）扇状地と出会い、いっきに流れ落ちる場所である。現在は犬山市域となり、犬山扇状地の扇の要の位置にある。さらに木曽川の渡河地点として、白山平山麓には内田渡《うちだのわたし》が存在し、古くからの重要な場所でもあった。

かつて、流れ落ちた水は犬山の地から扇状地を幾筋かの小河川となって分流していた。しかし、江戸時代初頭に完成をみる御囲堤《おかこいつつみ》によって、この木曽の分流は締め切られ、一本化することになる。したがってそれ以前の扇状地景観は、現在とはまったく異なり、犬山から分流した幾筋かの河川によって扇状地を流れ落ちる風景が古代邇波の領域と重なることになる。

犬山市域を含む旧丹羽郡が、おおむね「邇波」といわれた領域とほぼ重複するものと考えられてきた。それは「邇波県《にわのあがた》」（『旧事本紀《くじほんぎ》』『続日本後紀《しょくにほんこうき》』）の存在と密接に関係し、その領域が丹羽郡として設定されたものと推定されることが多い。なお丹羽郡には前利連《さきとのむらじ》（『続日本後紀』）や、丹羽《にわ》建部《たけるべ》・凡人部《おしひとべ》・椋橋部《くらはしべ》・海部《あまべ》・石作部《いしつくりべ》といった部の設置が考えられている。さらに『和名抄《わみょうしょう》』には、丹羽郡に一二の郷が存在したことが記載されている。そのことからおおむね現在の犬山市域から大口町・扶桑《ふそう》町、江南市・岩倉市域を含み、一宮市の南・西辺、小牧市北部域と、現在の岐阜県各務原《かかみがはら》市鵜沼《うぬま》地区を含め、本来は広大な犬山扇状地そのものを「邇波」とよんでいたものと考えておきたい。

「沼」郷

先に述べたように、『和名抄』では古代邇波の里には一二の郷が記載されている。一宮市丹陽町を含む一帯の「吾鬘郷《あつらごう》」、一宮市丹羽を含む「丹羽郷」、一宮市千秋町から江南市南端にかけての「穂積《ほづみ》郷」、丹羽郡扶桑町から江南市北東部にかけての「前刀《さきと》郷」、犬山市羽黒を中心とした「小弓《おゆみ》郷」、丹羽郡大口町から江南市にかけての「小口《おぐち》郷」がある。その他、小野《おの》郷・上沼《かみつぬ》郷・下沼《しもつぬ》郷・大桑《おおくわ》郷・上春《かみはる》郷・稲木《いなぎ》郷が存在したと考えられている。

そのなかで、とくに注目したい郷が「上沼郷・下沼郷」である。本来「沼《つぬ》」郷であったものが上・下に分けられたと考えられるが、その場所を木曽川が濃尾平野と出会い分流する、犬山北部域を中心とした本流の河道域を想定しておきたい。

まず邇波郡上沼・下沼郷は、古くから犬山市上野《かみの》と扶桑町下野《しもの》に比定する見解がみられる。さらに葉栗《はぐり》郡河沼《かわぬ》郷が現在の岐阜県各務原市川島地区に比定されており、葉栗郡内には大沼郷も存在した。すると木曽本流域の氾濫域とその複雑な河道の風景そのものを古代人は「沼」を

「ツヌ」とよんでいたことになる。そこで地籍や古地図・明治期の空撮写真等から河道痕跡を推定し、複雑に入り組む小河川と微高地が展開する景観を復元すると、まさに「沼郷」とよぶ景観がよみがえる。

東之宮古墳が存在する場所は沼郷の東部端にあたり、その郷域は木曽本流の氾濫帯と段丘崖からの豊かな湧水が湿地帯を構成し、幅広い河原と微高地景観が織りなす場所である。その地は水深の浅い泥土が溜まった、まさに「沼」という風景にふさわしい。ここでは旧犬山町域・扶桑町北部域・各務原市鵜沼地区を含めた領域と考えておきたい。

二つの邇波

「邇波」郡を中心とする古墳時代、すなわち前方後円（方）墳の基本的な動向をみていくと、大きく二つの流域に古墳が分布することがわかる。

まず木曽本流域には犬山市白山平周辺と各務原市鵜沼に大型前方後円（方）墳が造営され、白山平周辺には東之宮古墳・甲塚《かぶとづか》古墳・妙感寺《みょうかんじ》古墳が、鵜沼の鵜沼古墳群には一輪塚山《いちりんつかやま》（一輪山）古墳・衣裳塚《いしょうづか》古墳、坊《ぼう》の塚《つか》古墳が存在する。そして今ひとつのまとまりが五条川水系にみられる。前方後方墳である小口白山《おぐちはくさん》一号墳や青塚《あおつか》古墳、加えて小牧市小木《こき》の前方後方墳である宇都宮神社《うつのみやじんじゃ》古墳・浄音寺《じょうおんじ》古墳も関連づけておく必要がある（**図46**）。

これら犬山の木曽川本流・支流域と五条川水系の地縁的かつ伝統的地域社会をまとめあげた最初の人物こそが、東之宮古墳の被葬者であったことは間違いない。その後は部族社会的な地縁的関係を基礎として、首長墓が犬山市域を中心につぎつぎと造営されたことになる。しかし、このような関係が存続しえたのは、大型墳の造営が終焉するまで、すなわち妙感寺古墳の造営時である五世紀前半までであった。このように古墳時代前半期はおおむね邇波北部域を中心とし大型前方後円（方）墳が造営されてきた。

　その後、邇波郡域には五世紀末から六世紀前半期を中心として前方後円墳が集中的に営まれる場所があらたに出現する。五条川水系の「曽本《そもと》・小折《こおり》古墳群」である。大口町から江南市小折付近には富士塚《ふじづか》古墳・神福神社《しんぷくじんじゃ》古墳・いわき塚古墳と、曽本二子山《そもとふたごやま》古墳などが代表的な存在で、富士塚古墳からは尾張型埴輪が、いわき塚古墳からは鉄製銀象嵌直刀《ぎんぞうがんちょくとう》が出土している。これらの動きの背景には、五、六世紀の尾張氏の活躍が読みとれる。邇波南部域を中心とした新たな動きとして評価したい。ちなみにこの地区はその後、五条川水系を物流の拠点として、戦国期には織田氏や生駒氏の活躍する舞台となり、近代でも丹羽郡役所が置かれることになる。

3　邇波四代の大王墓

「邇波」には古墳時代前半期に大型古墳が造営された。犬山市域に所在する東之宮古墳・妙感寺古墳・青塚古墳と対岸の岐阜県各務原市鵜沼地区に所在する坊の塚古墳の四つの大型前方後円（方）墳である。これをここでは「邇波四代の大王墓」と呼称しておく。

　造営順は、考古学的な要素にもとづき東之宮古墳・青塚古墳・坊の塚古墳・妙感寺古墳である点は動かないと思うが、造営間隔には偏差がみられる。青塚古墳と坊の塚古墳の時間差は比較的小さいと考えられるが、東之宮古墳から青塚古墳へと坊の塚古墳から妙感寺古墳への造営にはやや時間幅が想定できる。前者は前方後方墳から前方後円墳への墳形の変化が、後者は「大《おお》毛《け》池《いけ》田《だ》層《そう》」とよんだ洪水堆積層（西暦四〇〇年前後）に象徴される気象変動があって、濃尾平野での古墳造営に大きな画期をもたらす現象と呼応するものと考えてよい（**図47**）。

妙感寺山古墳は一〇〇メートルクラスの大型前方後円墳であり、かつ周濠と堤をもつ。その墳形の特徴から五世紀前半段階の造営と位置づけることができよう。すると東之宮古墳からはじまる三世紀の後半段階から五世紀にかけて、犬山市域を中心に大型墳がほぼ連続して造営されたことになる。犬山市域から木曽川が分流し、いく筋かの小河川となって流れ落ちる犬山扇

図46 ● 邇波の里とその周辺
木曽川本流と分流した河川の復元と主要古墳の配置。各水系ごとに集落が営まれ、土地神が奉られた。

津保川
佐久太神社
夕田茶臼山古墳
蜂屋川
多爲神社
縣主神社
前山古墳
坂祝神社
火塚古墳
飛鳥田神社
加佐美神社
加佐見山墳丘墓
村国神社
東の山道
鳩吹山
一輪塚山古墳
衣裳塚古墳
坊の塚古墳
村國真墨田神社
大平山
古市場遺跡群
東之宮古墳
針綱神社
甲塚古墳
妙感寺古墳
大牧1号墳
伊木山
ふな塚古墳
木曽川
山那神社
立野神社
上野古墳群
上野遺跡
前刀神社
川嶋神社
託美神社
石作神社
羽黒城屋敷古墳
井出神社
石作神社
余野遺跡
伊賀賀原神社
小口神社
鳴海てがし神社
尾張冨士
五条川
稲木神社
小口白山1号墳
仁所野遺跡
本宮山
虫鹿神社
青塚古墳
大縣神社
田県神社
富士塚古墳
神福神社古墳
三ツ山古墳
曽本二子山古墳
青木川
小牧山
五条川
大山川
甲屋敷古墳
天王山古墳
宇都宮神社古墳
生田神社
浄音寺古墳

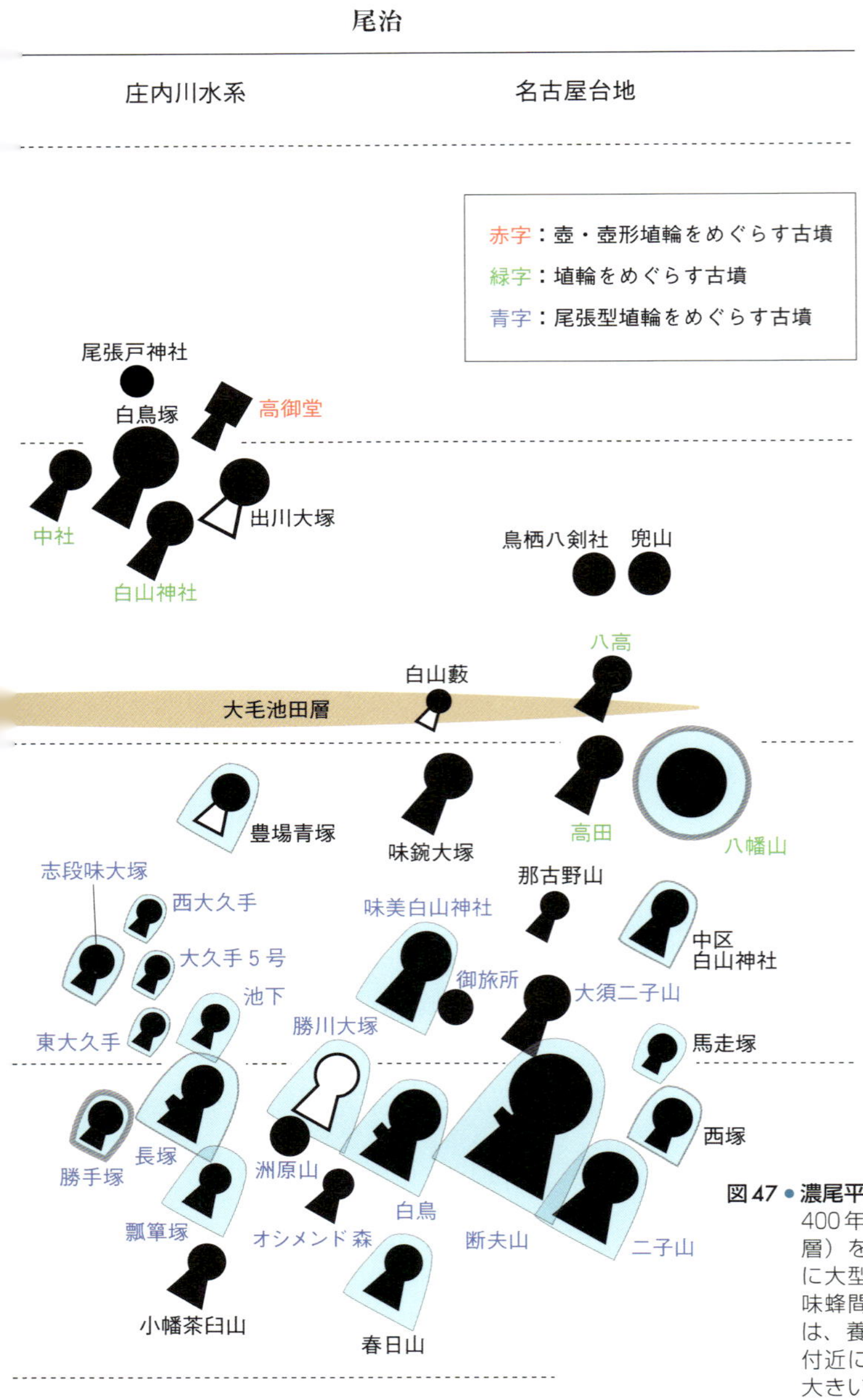

図 47 ● 濃尾平野の主要古墳の変遷
400 年前後に洪水層（大毛池田層）をさかいに尾治（張）地域に大型墳が造営されはじめる。味蜂間海（あはちまのうみ）とは、養老山と大垣南部から津島付近に広がっていた干満の差が大きい海を想定し、その領域を一つの地域社会と考える。

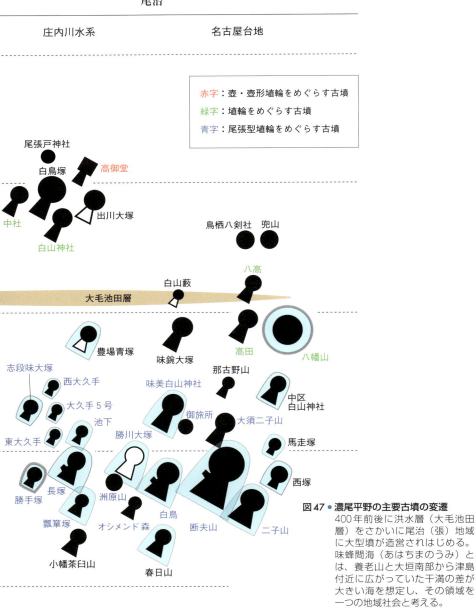

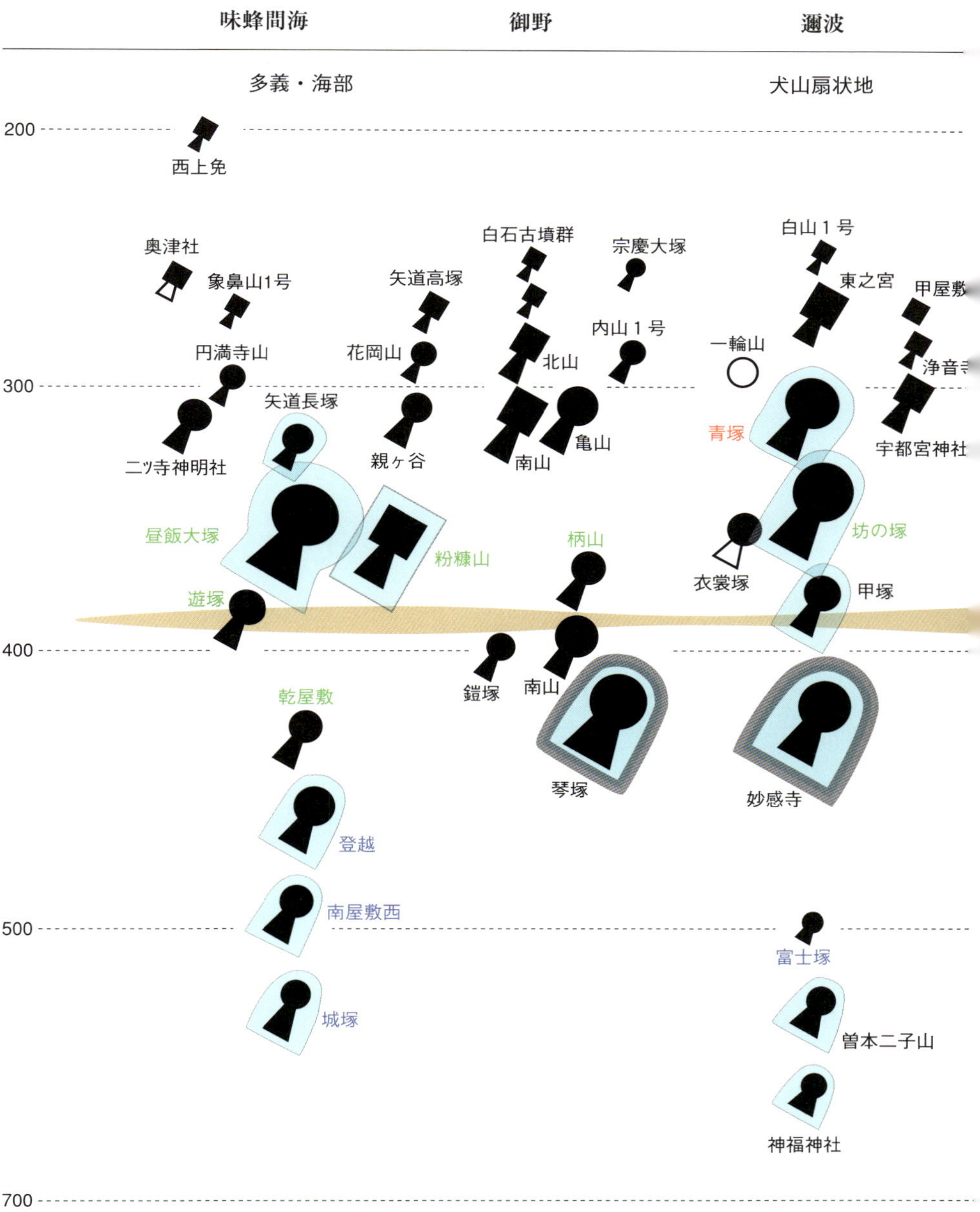

味蜂間海
御野
邇波
多義・海部
犬山扇状地
200
300
400
500
700
西上免
奥津社
象鼻山1号
円満寺山
二ツ寺神明社
矢道高塚
花岡山
矢道長塚
親ヶ谷
昼飯大塚
粉糠山
遊塚
乾屋敷
登越
南屋敷西
城塚
白石古墳群
宗慶大塚
内山１号
北山
亀山
南山
柄山
鎧塚
南山
琴塚
白山１号
東之宮
甲屋敷
一輪山
浄音寺
青塚
宇都宮神社
坊の塚
衣裳塚
甲塚
妙感寺
富士塚
曽本二子山
神福神社

状地を一つの領域とする地域社会が存在したのである。そこには環境を同じくし、地縁関係を機軸にした部族社会が誕生していたことは間違いない。その領域が「邇波」とよばれたことになる。

東之宮古墳の造営は、そのはじまりを高らかに誇示する、はじめての大型前方後方墳の造営イベントでもあった。

4 冬至の王

謎の軸線

つぎに東之宮古墳の主とその仲間たちが生活する集落遺跡、二、三世紀の遺跡分布をみてみよう。沼郷には幾つかの遺跡が散在するが、とくに注目したい遺跡が二つある。一つは犬山市上野《かみの》遺跡。上沼郷にある遺跡ということになるが、古墳時代前半期の土器などが発見されており、縄文時代より人びとが波状的に定着した集落遺跡である。そしてもう一つは、木曽川左岸微高地に位置する各務原市鵜沼の古市場《ふるいちば》遺跡群である。両者とも本格的な調査はほとんどおこなわれていない。

とくに古市場遺跡群は、広い微高地と木曽分流のまさにその要の地に位置する点が重要であり、加えて古くからの街道（古東山道）と渡河地点（内田渡）が存在し、河と交通路、山塊と扇状地の要に位置する遺跡である。

なお、上野遺跡の近くには立野《たつの》神社、古市場遺跡群の近くには村國真墨田《むらくにますみだ》神社という式内社《しきないしゃ》が存在する。その他に沼郷には犬山市城山には針綱《はりつな》神社、山那《やな》神社（扶桑町）などが存在する。これらは本来が木曽分流域内に住む地の神々であったに違いない。

ところで東之宮古墳が所在するのは白山平とよばれる山塊であった。その山の形状は鵜沼古市場遺跡群よりながめると、まさに太陽がのぼる東、各務原からつづく山並みが閉じる南端に位置し、かつ美しい神奈備形を呈する。この景観はこの方向でしかみられない点を重視したい。

さらに興味深いのが東之宮古墳の主軸方向であり、その向きはまさに鵜沼古市場遺跡群を指向し、かつ冬至の太陽が昇る正方位の位置にあたる。古市場遺跡群を中心とした場所に東之宮古墳の被葬者とその仲間たち、さらにはその造営母体となる集団が生活する場面を想定しておく必要があろう。加えて邇波四代の大王墓のうち、三基が古市場遺跡群をとり巻くように造営されている点は留意したい。

濃尾平野の弥生集落、清須市朝日遺跡や一宮市猫島《ねこじま》遺跡などでは、死者を東西に葬る風習が存在していたことがわかっている。また朝日遺跡ではムラの墓域を東西方位に設定していた点も指摘できる。こうした日の出や日の入りを基軸とする死者の軸線は弥生時代から古墳時代にかけて多く認められ、太陽の力がもっとも衰えるとされた冬至を起点に一年の行事が設定されていたと思われる。

二〇一二年一二月二一日（冬至）の早朝。一人白山平に登り、東之宮古墳の軸線上、前方部に立ち、静かに太陽がのぼるのをまった。

「理論的には主軸線のど真ん中から登ってくるはずだ……」

やがて、王が眠る後方部がピカピカと光り輝き始める。そしてまばゆいばかりの陽の光が墳丘のど真ん中から忽然とあらわれた。この瞬間、言い知れぬ感動が体の中からわき出たのを今も鮮明に覚えている。冬至の王が目の前にあらわれた瞬間だった。東之宮古墳の主軸線・竪穴式石槨の主軸線、王が眠る棺の向きはすべて、この一瞬のために設計されたと考えてよい。はるか古代からつづく壮大なスケールの仕掛けが、まさに動き出すのだ。

以降、冬至前後の快晴に合わ

図48 ● 冬至の王
東之宮古墳の主軸線上からのぼる冬至の太陽。
前方部から後方部をみる。

せて、多くの方たちと「冬至の王」に出会う企画を継続している。

白山平に奉られた王

東之宮古墳の被葬者は邇波初代の大王として、その後の犬山扇状地を地盤とするまとまりの祖霊として奉られたものと考えたい。時代が変わり信仰のカタチが変化しても、犬山内田地区が広く霊場・信仰の場として現在まで継承されているのは、そこにこの地の開闢《かいびゃく》の歴史が深く、強く埋め込まれていたからに相違ない。

前述したように、東之宮古墳の被葬者は狗奴国と邪馬台国が緊張状態にあった三世紀中ごろを中心に活躍した人物であり、その抗争期を経て初期倭王権誕生に至る激動期を生き抜いた王でもあった。そして彼とその仲間たちが生活する舞台は、木曽川が山々から扇状地に流れ落ちるその要の位置に存在し「邇波の沼郷」とよばれた場面と想定した。

そこは、まさに河と陸路が交差する要所であり、戦国時代の秀吉に仕え木曽川沿岸部に勢力をもっていた川並衆《かわなみしゅう》を想定するような木曽分流域での生業をつかさどる一族の長という側面をもっていたと思われる。そして被葬者はその後に邇波という集団の創始者となり精霊化し、太陽がのぼる聖なる山塊の頂上に奉られた。白山平山頂である。

第5章　はじまりの地に集う

犬山祭と東之宮古墳

桜咲く春の犬山祭は、毎年四月の第一土日に開催される。一六三五年（寛永一二）にはじまる針綱神社の祭礼で、国の重要無形民俗文化財、ユネスコ無形文化遺産に指定され、多くの人で犬山城下町はごった返す。一三輌の車山《やま》がからくりを奉納し、街を練り歩く風景はまことに優雅で風情がある。夜山《よやま》は幻想的で悠久の時の流れを肌で感じることができる。

実はこの犬山祭の本来の姿は日曜日に開催される「本楽祭《ほんがくさい》」で一三輌の車山が、からくりを針綱の神に奉納したその後にはじまる。御旅所への渡御である。神輿が現在は城山の麓にある神社を出発し、本町筋を抜けて、まずは二つ目の遷座地である犬山城下町南端の「元宮」に向かう。元宮とは、かつて針綱神社が白山平から遷座した場所。そしてそこから城下町を再度北上し余坂筋《よざかすじ》を抜け、祭のざわめきが聞こえなくなる街はずれの「御旅所」に向かう。そこで御旅所にて一礼して祭は終わりを迎えるのである。

この御旅所がどこにあるかというと、邇波四代の最後の王墓である「妙感寺古墳」の西外堤上に位置している。なぜこの場所なのかは、わかっていない。そして御旅所の碑は初代邇波の王が眠る「白山平」を仰ぎみる場所に立てられていた。

本来、犬山祭は針綱神社が「犬山城」築城にあわせて、現在の城山から東之宮古墳がある「白山平」山頂に遷座したことからはじまる。祭は、遷座した旧暦八月二八日にとりおこなわれていた。だが、なぜこの地の産土《うぶすな》である針綱神社が東之宮古墳に遷座地を決めたのか、その理由は伝えられてはいない。

犬山祭の本来の祭の姿である神の渡御。それは、犬山の街がたどってきた来歴を示すものであったと考えている。それは今という時点の針綱神社から、江戸時代はじめに高台に設計された城下町中心軸線「本町筋」を南下し、まずは針綱神社が白山平から再び城下町内に遷座した元宮にたどり着く。ここ元宮は犬山城築城以前に存在した古き城「木之下城《きのしたじょう》」の城下町があ

図49 ● 犬山祭
4月の第1土曜と日曜に開催される犬山祭。13輌の車山（やま）が、
それぞれからくりを奉納する針綱神社の祭礼。

った場所でもある。木之下城とは犬山城の前身となった城であり、現在の城下町南西隅に位置している。

この時点で時代は現代から戦国時代にさかのぼる。そして、かつて犬山の街の中心であった木之下城北隣にあった街、「北宿《きたしゅく》」を通り、街道のチマタとしての余坂街に向かい、やがて邇波四代の最後の王墓である「妙感寺古墳」の御旅所にたどり着く。あるいはそこから最初に遷座した場所、白山平に向かって渡御するのが本筋であったかもしれないが、今はその麓に「御旅所」を設け、そこから初代の王墓「東之宮古墳」白山平に拝礼する姿が、おぼろげながら見えてくる。すると、ここで時間は一気に一六〇〇年の時をさかのぼるのである。このように考えると、あるいは犬山祭とは木之下城から犬山城への変遷の歴史、加えて白山平に針綱神社を遷座した理由そのもの（針綱神社と東之宮古墳の関係）が隠れているのかもしれない。犬山の来歴をたどる一年に一度の歴史遡行劇とも受けとめられる。

「東之宮」という名称はまさにこの地に根ざした古くからの神々を拝し、安寧をもたらしてきた針綱神社に由来するものであり、偶然にも初代邇波の王墓の名称として語り継がれていくことになった。

「邇波」はじまりの地

東之宮古墳の竪穴式石槨は、整備のための委員会で検討された事項に基づく保全対策がなされ、慎重に復元、埋め戻された。そして、今まさに白山平山頂に位置する東之宮古墳を史跡公園化する動きが始まった。

一九七三年の発掘調査から四五年。整備計画の構想から一三年の歳月が流れ、さまざまな経過を経てここに至る。はからずも私がすべての段階に関与することになったのは、一九七三年の最初の調査の時から決まっていたかのように思えてくる。

犬山市の東之宮古墳史跡整備の基本は、長く保存されてきた現状の景観を残すことを最優先に掲げている。著しく変更を加えることは避け、できるだけ現状を維持しつつ、かつての環境を彷彿とさせるような公園にしあげていく。木々や草花は本来の植生に時間をかけて戻していくようなプログラムにした。白山平にのぼると、誰もがその景観に無条件に感動し、この場所がどのような意味をもつかを強く感じてもらえる仕組みが重要だ。

市民が集い、旅人が訪ね、研究者がのぼってくる、この白山平山頂。長きにわたって保存されてきた環境を大切にし、神社が遷座する歴史を踏まえ、古墳

図50 ● 東之宮古墳遠景
中央の山頂に東之宮古墳がある。右側には岡本太郎の「若い太陽の塔」の作品がみえる。

の名の起源となった意味をそこに残していくことになるだろう。東之宮古墳の王がなしえた偉業を少しでも感じ、歴史に触れ、この街にとってかけがえのない、誰もが集える豊かな場になることを夢見ている。

参考文献

宮川芳照　一九八三「東之宮古墳」『犬山市史』史料編三　考古・古代・中世、犬山市
宮川芳照　一九九七「古墳文化の発展」『犬山市史』通史編上、犬山市
各務原市教育委員会　一九九九『木曽川両岸に栄えた古代文化』各務原市埋蔵文化財調査センター
赤塚次郎編　二〇〇五『史跡　東之宮古墳調査報告書』犬山市埋蔵文化財調査報告書第二集
渡邉　樹　二〇〇六『史跡東之宮古墳―第一次調査概要―』犬山市埋蔵文化財調査報告書第三集
渡邉　樹　二〇〇七『史跡東之宮古墳―第二次調査概要―』犬山市埋蔵文化財調査報告書第四集
渡邉　樹　二〇〇八『史跡東之宮古墳―第三次調査概要―』犬山市埋蔵文化財調査報告書第五集
渡邉　樹　二〇〇九『史跡東之宮古墳範囲確認調査報告書』犬山市埋蔵文化財調査報告書第六集
赤塚次郎　二〇一〇「東海地域における土器編年に基づく弥生・古墳時代の洪水堆積層」『考古学と自然科学』六一号、日本文化財科学会
赤塚次郎　二〇一二「尾張・三河という領域と古墳時代を二分する出来事性について」『尾張・三河の古墳と古代社会』東海の古代三、同成社
渡邉樹・鈴木康高・森下章司編　二〇一四『史跡東之宮古墳』犬山市埋蔵文化財調査報告書第一二集

なお、丹羽郡域についての基本的事項等は、一九九一『愛知県の地名』日本歴史地名大系二三、平凡社に準拠する。

東之宮古墳

・愛知県犬山市大字犬山字北白山平
・交通　名鉄犬山遊園駅より徒歩20分、あるいは犬山駅より徒歩30分
成田山裏手より登山口が整備されている。南側の山麓からは東之宮神社参道を通り登頂できる。

山頂の東之宮神社と東之宮古墳

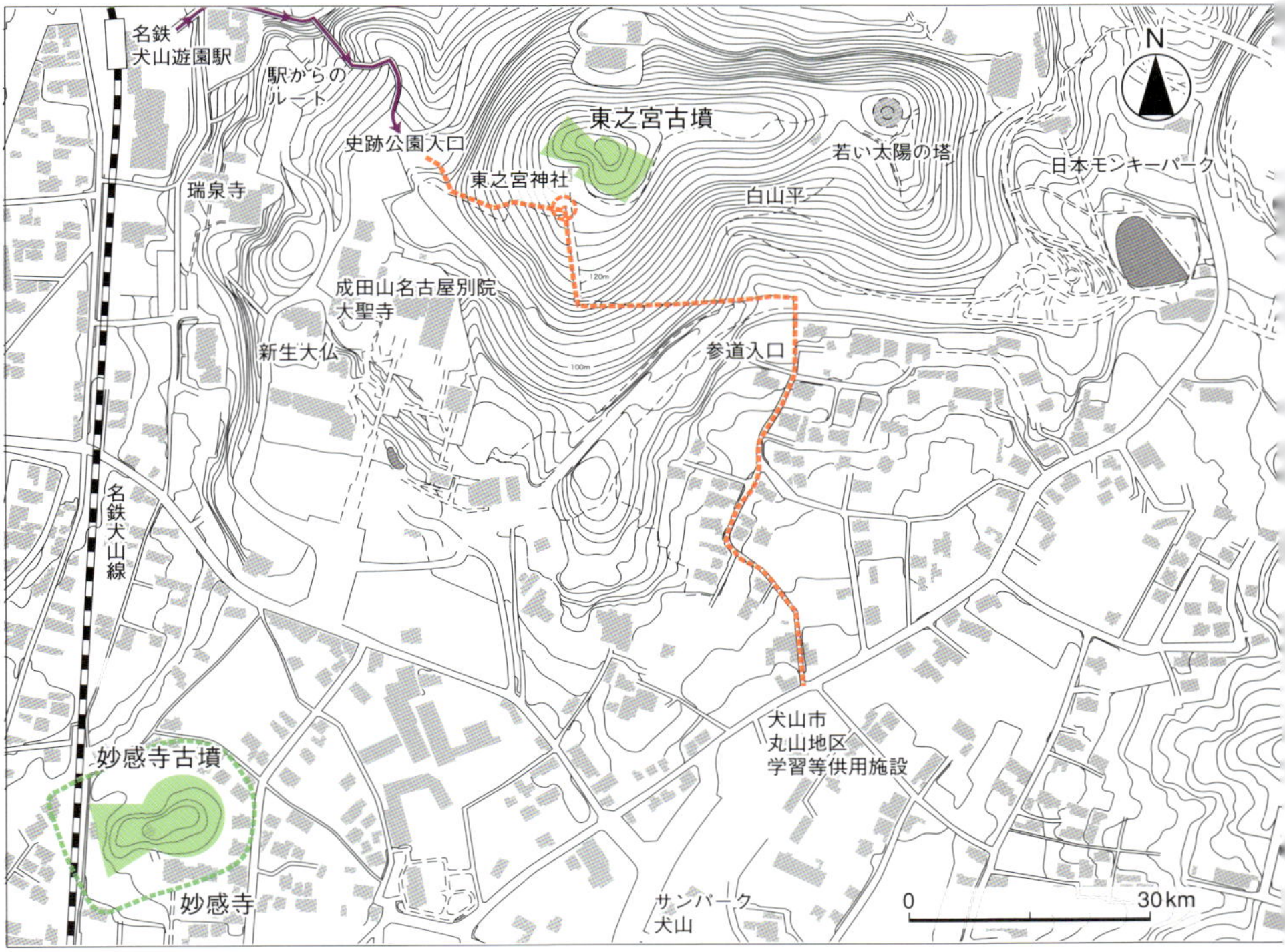

犬山遊園駅からの東之宮古墳散策ルート

遺跡には感動がある

——シリーズ「遺跡を学ぶ」刊行にあたって——


「遺跡には感動がある」。これが本企画のキーワードです。

あらためていうまでもなく、専門の研究者にとっては遺跡の発掘こそ考古学の基礎をなす基本的な手段です。また、はじめて考古学を学ぶ若い学生や一般の人びとにとって「遺跡は教室」です。

日本考古学では、もうかなり長期間にわたって、発掘・発見ブームが続いています。そして、毎年厖大な数の発掘調査報告書が、主として開発のための事前発掘を担当する埋蔵文化財行政機関や地方自治体などによって刊行されています。そこには専門研究者でさえ完全には把握できないほどの情報や記録が満ちあふれています。しかし、その遺跡の発掘によってどんな学問的成果が得られたのか、その遺跡やそこから出た文化財が古い時代の歴史を知るためにいかなる意義をもつのかなどといった点を、莫大な記述・記録の中から読みとることははなはだ困難です。ましてや、考古学に関心をもつ一般の社会人にとっては、刊行部数が少なく、数があっても高価なその報告書を手にすることすら、ほとんど困難といってよい状況です。

いま日本考古学は過多ともいえる資料と情報量の中で、考古学とはどんな学問か、また遺跡の発掘から何を求め、何を明らかにすべきかといった「哲学」と「指針」が必要な時期にいたっていると認識します。

本企画は「遺跡には感動がある」をキーワードとして、発掘の原点から考古学の本質を問い続ける試みとして、日本考古学が存続する限り、永く継続すべき企画と決意しています。いまや、考古学にすべての人びとの感動を引きつけることが、日本考古学の存立基盤を固めるために、欠かせない努力目標の一つです。必ずや研究者のみならず、多くの市民の共感をいただけるものと信じて疑いません。

二〇〇四年一月

戸沢充則

著者紹介

赤塚次郎（あかつか・じろう）

1954年、愛知県犬山市生まれ。

1979年、奈良教育大学教育学部卒業。愛知県埋蔵文化財センター副センター長を経て現在、特定非営利活動法人古代邇波の里・文化遺産ネットワーク理事長、名古屋経済大学犬山学研究センター客員教授。

主な著書 「土器様式の偏差と古墳文化」『考古学資料大観2』弥生・古墳時代 土器II（小学館)、「古墳文化共鳴の風土」『愛知県埋蔵文化財センター研究紀要』第7号、『幻の王国 狗奴国を旅する』（風媒社)、「土器」『古墳時代下』日本の考古学講座8（青木書店）など。

写真提供
犬山市教育委員会：図6・8〜16・19〜22・25〜41・43（渡邉樹・鈴木康高・森下章司編 2014『史跡東之宮古墳』掲載資料）／1973年第1次調査写真：図2〜4・18・24・42上（宮川芳照・高木史朗・赤塚次郎所蔵）

図版出典（一部改変）
図1：国土地理院2万5千分の1地形図「犬山」／図5：渡邉樹・鈴木康高・森下章司編 2014『史跡東之宮古墳』

上記以外は著者

シリーズ「遺跡を学ぶ」130
邪馬台国《やまたいこく》時代の東海の王　東之宮《ひがしのみや》古墳

2018年11月15日　第1版第1刷発行

著　者＝赤塚次郎
発行者＝株式会社 新 泉 社
東京都文京区本郷2−5−12
TEL 03（3815）1662 ／ FAX 03（3815）1422
印刷／三秀舎　製本／榎本製本

ISBN978−4−7877−1840−2　C1021

シリーズ「遺跡を学ぶ」

第1ステージ（各1500円＋税）

03 古墳時代の地域社会復元　三ツ寺I遺跡　若狭　徹
08 未盗掘石室の発見　雪野山古墳　佐々木憲一
10 描かれた黄泉の世界　王塚古墳　柳沢一男
16 鉄剣銘一一五文字の謎に迫る　埼玉古墳群　高橋一夫
18 土器製塩の島　喜兵衛島製塩遺跡と古墳　近藤義郎
22 筑紫政権からヤマト政権へ　豊前石塚山古墳　長嶺正秀
26 大和葛城の大古墳群　馬見古墳群　河上邦彦
28 泉北丘陵に広がる須恵器窯　陶邑遺跡群　中村　浩
32 斑鳩に眠る二人の貴公子　藤ノ木古墳　前園実知雄
35 最初の巨大古墳　箸墓古墳　清水眞一
42 地域考古学の原点　月の輪古墳　近藤義郎・中村常定
49 ヤマトの王墓　桜井茶臼山古墳・メスリ山古墳　千賀　久
51 邪馬台国の候補地　纒向遺跡　石野博信
55 古墳時代のシンボル　仁徳陵古墳　一瀬和夫
63 東国大豪族の威勢　大室古墳群〔群馬〕　前原　豊
73 東日本最大級の埴輪工房　生出塚埴輪窯　高田大輔
77 よみがえる大王墓　今城塚古墳　森田克行
79 葛城の王都　南郷遺跡群　坂　靖・青柳泰介
81 前期古墳解明への道標　紫金山古墳　阪口英毅
84 斉明天皇の石湯行宮か　久米官衙遺跡群　橋本雄一
85 奇偉荘厳の白鳳寺院　山田寺　箱崎和久
93 ヤマト政権の一大勢力　佐紀古墳群　今尾文昭
94 筑紫君磐井と「磐井の乱」　岩戸山古墳　柳沢一男
別04 ビジュアル版古墳時代ガイドブック　若狭　徹

第2ステージ（各1600円＋税）

103 黄泉の国の光景　葉佐池古墳　栗田茂敏
105 古市古墳群の解明へ　盾塚・鞍塚・珠金塚古墳　田中晋作
109 最後の前方後円墳　龍角寺浅間山古墳　白井久美子
117 船形埴輪と古代の喪葬　宝塚一号墳　穂積裕昌
119 東アジアに翔る上毛野の首長　綿貫観音山古墳　大塚初重・梅澤重昭
121 古墳時代の南九州の雄　西都原古墳群　東　憲章
126 紀国造家の実像をさぐる　岩橋千塚古墳群　丹野　拓・米田文孝